Beamtenrecht in Hessen

Peter Erbe

Beamtenrecht in Hessen

Ein Leitfaden für Ausbildung
und Praxis

Schriftenreihe Band 1
Hessischer Verwaltungsschulverband

Herausgegeben von: Horst Knechtel,
Dr. Margit Kölbach, Martin Lüpkes,
Hartmut Vogt, Wolfgang Wieditz

Maximilian Verlag
Hamburg

Bibliografische Information der Deutschen Nationalbibliothek
Die Deutsche Nationalbibliothek verzeichnet diese Publikation in der Deutschen Nationalbibliografie; detaillierte bibliografische Daten sind im Internet über http://dnb.d-nb.de abrufbar.

ISBN 978-3-7869-0939-2

Layout und Produktion: Inge Mellenthin
Umschlaggrafik: Nicole Laka
Druck und Bindung: Druckhaus Köthen

Printed in Germany

Der Herausgeber

Der Hessische Verwaltungsschulverband (HVSV), eine Körperschaft des öffentlichen Rechts mit Sitz in Darmstadt, ist (neben der Hochschule für Polizei und Verwaltung) das Bildungsinstitut des öffentlichen Dienstes in Hessen. Er engagiert sich aktiv für die Aus- und Fortbildung der staatlichen, kommunalen und kirchlichen Verwaltungen im Sinne einer demokratischen Staatsauffassung, pflegt besonders den Praxisbezug und ist deutschlandweit das erste „re-testierte" Bildungsinstitut in diesem Segment.
Der HVSV gestaltet den Strukturwandel im öffentlichen Dienst aktiv mit und erstellt sein Aus- und Fortbildungsangebot im Hinblick auf die neuen Anforderungen im Bereich der öffentlichen Verwaltung.
Damit seine Mitglieder „kurze Wege" haben, unterhält der HVSV dezentral Verwaltungsseminare an sieben Standorten in Nord-, Mittel- und Südhessen.
Der HVSV unterstützt seine Kunden und Partner, ihre fachlichen und persönlichen Arbeitsziele zu erreichen, damit sie ihre beruflichen Aufgaben optimal bewältigen können. Er stellt sich dem Vergleich mit anderen Bildungsträgern, denn seine Stärke sind praxisbezogene, aktuelle, pädagogisch qualifizierte und an den Erfordernissen der öffentlichen Verwaltung orientierte Seminare in der Aus- und Fortbildung.
Als erstes Bildungsinstitut in Deutschland in dem Segment Ausbildung und Fortbildung im öffentlichen Dienst ist der HVSV nach LQW 3 (Lernorientierte Qualitätstestierung in der Weiterbildung ArtSet®, Hannover) qualitätstestiert. Dieses Testat weist die besondere Qualität der Aus- und Fortbildung bei allen hessischen Verwaltungsseminaren nach.

Der Buchautor

Peter Erbe ist Diplom-Verwaltungswirt und verfügt über langjährige Erfahrungen in der öffentlichen Verwaltung. Er hat das Personalgeschäft „von der Pike auf" gelernt: als Bezügerechner und Personalsachbearbeiter, später im Grundsatzreferat Arbeitsrecht einer größeren hessischen Behörde sowie im strategischen Personalmanagement. Seit 2012 ist er hauptamtlicher Dozent beim Hessischen Verwaltungsschulverband und unterrichtet in Aus- und Fortbildungslehrgängen neben Beamtenrecht auch Arbeits- und Tarifrecht, Ordnungsrecht sowie Allgemeines Verwaltungsrecht an den Verwaltungsseminaren Kassel und Fulda.

Vorwort

Schon Generationen von Teilnehmern haben die Verwaltungsseminare des HVSV besucht und sich dabei von der hohen Qualität des Unterrichts überzeugen können.

Damit wir unseren Kunden und Partnern einen noch größeren Service bieten können, haben wir uns entschieden, eine „Schriftenreihe" in Buchform zu veröffentlichen. Es bietet sich an, diese Schriftenreihe mit dem hochaktuellen Thema „Beamtenrecht" zu beginnen. Weitere Themen werden folgen.

Seit dem 01.03.2014 gilt in Hessen ein völlig neues Beamtenrecht. Der hessische Landtag hat die durch die Föderalismusreform II eröffnete Chance genutzt, ein neues Laufbahn- und Besoldungsrecht zu schaffen. Wie bei jedem neuen Gesetz, so sind auch beim vorliegenden „2. Dienstrechtsmodernisierungsgesetz (2. DRModG)" zu Beginn noch zahlreiche Rechtsfragen offen. Unser Buch-Autor Peter Erbe hat deshalb den vorliegenden Leitfaden erarbeitet, um den Lesern eine erste Orientierung in dieser doch recht komplexen Rechtsmaterie zu geben. Dem vorliegenden Werk liegen seine langjährigen Erfahrungen in Theorie und Praxis zugrunde. Der so entstandene Leitfaden soll

- **Auszubildenden** und **Studierenden** Gelegenheit geben, sich in die beamtenrechtliche Fallbearbeitung von Grund auf einzuarbeiten,
- **Dozenten** interessante Anregungen zur Gestaltung des Unterrichts bieten,
- **Ausbildern** wertvolle Hilfestellung für die praktische Ausbildung eröffnen,
- **Bediensteten** staatlicher und kommunaler Personalabteilungen eine gewinnbringende Hilfestellung bei der Bewältigung alltäglich anfallender Rechtsfragen sein und
- **Frauenbeauftragten, Schwerbehindertenvertretungen** sowie Mitgliedern von **Personalräten** helfen, ihre gesetzlichen Aufgaben in optimierter Form wahrnehmen zu können.

Zwar liegt der Schwerpunkt des sehr verständlich geschriebenen Leitfadens im Bereich Aus- und Weiterbildung, gleichwohl ist das Buch auch als praktisches Nachschlagewerk für jede hessische Landesdienststelle sowie für Stadt-, Gemeinde- und Kreisverwaltungen zu empfehlen.

Aus Gründen der Transparenz wurden vor allem die Laufbahnen der Fachrichtung **Allgemeine Verwaltung** in den Mittelpunkt der Ausführungen gestellt. Die grundsätzlichen Aussagen gelten aber genauso für die anderen Fachrichtungen (Schule, Polizei, Justiz usw.).

Neben zehn verständlich geschriebenen Kapiteln findet sich im Anhang ein umfangreicher **Übungsteil** mit ausführlichen Lösungshinweisen.

Soweit nur die männliche Sprachform verwendet wurde, soll dies natürlich ausschließlich der besseren Lesbarkeit dienen.

Bei der Arbeit mit diesem Werk empfiehlt es sich, die angesprochenen **Rechtsgrundlagen** stets aufzuschlagen und gut durchzulesen. Dies ist zwar mühsam und kostet Zeit, aber nur so kann sich ein optimaler Lernerfolg einstellen. Dies kann ich Ihnen aus jahrzehntelanger Erfahrung versichern!

Schnelllesern mit beamtenrechtlichen Fachkenntnissen wird empfohlen, bei Nr. 1.7 einzusteigen und in den folgenden Kapiteln nur die für sie interessanten Themen herauszufiltern. Beamtenrechtliche „Profis“ dürfen natürlich auch direkt versuchen, die Praxisfälle im Übungsteil zu lösen.

Anregungen und Kritik zu diesem Buch richten Sie bitte an den Maximilian Verlag oder direkt an den Buch-Autor.

Darmstadt und Kassel, im März 2015

Horst Knechtel	Peter Erbe
Schulleiter und Verbandsgeschäftsführer	Buchautor

Inhalt

Abkürzungsverzeichnis

AGG	Allgemeines Gleichberechtigungsgesetz
APO gD AV	Ausbildungs- und Prüfungsordnung für den gehobenen Dienst in der allgemeinen Verwaltung für den Studiengang Bachelor of Arts – Allgemeine Verwaltung
APOmD	Ausbildungs- und Prüfungsordnung für den mittleren Dienst in der allgemeinen Verwaltung
Art.	Artikel
BaL	Beamter auf Lebenszeit
BaP	Beamter auf Probe
BAT	Bundes-Angestelltentarifvertrag
BaW	Beamter auf Widerruf
BaZ	Beamter auf Zeit
BBesG	Bundesbesoldungsgesetz
BeamtStG	Beamtenstatusgesetz
BEEG	Bundeselterngeld- und Elternzeitgesetz
BEM	Betriebliches Eingliederungsmanagement
BGB	Bürgerliches Gesetzbuch
BGBl.	Bundesgesetzblatt
BV	Beamtenverhältnis
BVerfSchG	Bundesverfassungsschutzgesetz
DDR	Deutsche Demokratische Republik
DM	Deutsche Mark
FDGO	Freiheitliche demokratische Grundordnung
GdB	Grad der Behinderung
GewO	Gewerbeordnung
GmbH	Gesellschaft mit beschränkter Haftung
GemHVO	Gemeindehaushaltsverordnung
HAZVO	Hessische Arbeitszeitverordnung
HBeamtVG	Hessisches Beamtenversorgungsgesetz
HBG	Hessisches Beamtengesetz
HBesG	Hessisches Besoldungsgesetz
HBesVÜG	Hessisches Besoldungs- und Versorgungsüberleitungsgesetz
HDG	Hessisches Disziplinargesetz
HGO	Hessische Gemeindeordnung
HKO	Hessische Landkreisordnung
HLVO	Hessische Laufbahnverordnung
h. M.	herrschende Meinung
HMdIS	Hessisches Ministerium des Innern und für Sport
HMuSchEltZVO	Hessische Mutterschutz- und Elternzeitverordnung
HGlG	Hessisches Gleichbehandlungsgesetz
HPVG	Hessisches Personalvertretungsgesetz
HSZG	Hessisches Sonderzahlungsgesetz

HVwVfG	Hessisches Verwaltungsverfahrensgesetz
i. d. R.	in der Regel
Jh.	Jahrhundert
JVO	Jubiläumsverordnung
KSchG	Kündigungsschutzgesetz
LPA	Landespersonalamt
LHO	Landeshaushaltsordnung
MuSchG	Mutterschutzgesetz
NVO	Nebentätigkeitsverordnung
OVG	Oberverwaltungsgericht
OWiG	Gesetz über Ordnungswidrigkeiten
VwGO	Verwaltungsgerichtsordnung
SGB	Sozialgesetzbuch
sog.	sogenannte/r
StGB	Strafgesetzbuch
SVG	Soldatenversorgungsgesetz
TV-H	Tarifvertrag für die Beschäftigten des Landes Hessen
TVöD	Tarifvertrag für den öffentlichen Dienst
TVÜ-H	Tarifvertrag zur Überleitung der Beschäftigten … in den TV-H
TVÜ-VKA	Tarifvertrag zur Überleitung der Beschäftigten … in den TVöD
ÜST	Überleitungsstufe
VBL	Versorgungsanstalt des Bundes und der Länder
VG	Verwaltungsgericht
ZVK	Zusatzversorgungskasse
zzgl.	zuzüglich

1. Grundlagen

Seit wann gibt es eigentlich Beamte?
Lassen Sie uns zunächst einen gemeinsamen Blick in die geschichtliche Entstehung des Beamtenrechts werfen:

1.1 Geschichte des Beamtenrechts

Die Geschichte des Beamtentums reicht zurück bis in die Antike, als sich das Staatswesen entwickelte und ein Verwaltungsapparat notwendig wurde.

So bedienten sich z. B. im alten Ägypten die Herrscher sog. „Schreiber" (ca. 4.000 v. Chr.). Das alte China (ca. 1.500 v. Chr.) hatte „Mandarine", die als kaiserliche Beamte das gewaltige Reich verwalteten.

Im **Mittelalter** (6. bis 15. Jh. n. Chr.) standen die Lehensmänner in einem persönlichen Dienst- und Treueverhältnis zu ihrem Lehnsherrn.

In **Preußen** wurden ab dem 18. Jh. wichtige Grundsätze über Zugangsvoraussetzungen zum Staatsdienst sowie Maßregeln bei Pflichtverletzungen geschaffen. Noch heute wird deshalb Friedrich Wilhelm I. von Preußen als „Vater des deutschen Berufsbeamtentums" bezeichnet. Unter seiner Führung entstand der sog. „Beamtenethos". Er bestand u. a. aus Treue (gegenüber dem Monarchen), Fleiß, Unbestechlichkeit, Pünktlichkeit, Sparsamkeit sowie voller Hingabe gegenüber dem Herrscher.

Die erste zusammenfassende Regelung des Beamtenrechts enthielt das **„Preußische Allgemeine Landrecht"** 1794 („Von den Rechten und Pflichten der Diener des Staates"). Darin wurde das Beamtenverhältnis als ein auf Lebenszeit angelegtes Dienstverhältnis geregelt. Der Beamte wurde dadurch vor willkürlicher Entlassung geschützt.

Ab 1919 bildete die **Weimarer Reichsverfassung** einen weiteren Meilenstein des Beamtenrechts (z. B. Einführung von Ruhegehalt und Hinterbliebenenversorgung).

Im sog. **Dritten Reich** wurde das deutsche Berufsbeamtentum als Instrument des Rechtsstaates zerstört (u. a. gesetzlich normierte Bevorzugung von sog. „Ariern").

Nach dem Zweiten Weltkrieg gab es in der **DDR** kein Berufsbeamtentum, sondern nur Angestellte und Arbeiter. In der **Bundesrepublik Deutschland** dagegen hatte man sich bewusst für die Beibehaltung des Berufsbeamtentums entschieden. So enthält Art. 33 **GG** in seinem Absatz 4 die „institutionelle Garantie" des Berufsbeamtenrums; außerdem wurden die in Absatz 5 genannten „hergebrachten Grundsätze" aus der Weimarer Zeit fortgeschrieben. Näheres hierzu siehe Nr. 1.5.1 in diesem Buch.

Seit dem 03.10.1990 **(Einigungsvertrag)** gelten das Grundgesetz und damit das Berufsbeamtentum auch in den fünf neuen Ländern.

1.2 Der öffentliche Dienst in Hessen

Im öffentlichen Dienst sind sehr vielfältige Personengruppen tätig.

Während im hessischen Landesdienst vor allem Beamte eingesetzt werden (und hier vor allem Lehrer und Polizisten), sind bei den Kommunen die (Tarif-)Beschäftigten deutlich in der Überzahl.

Das nachfolgende Schaubild gibt einen ersten Überblick über die wichtigsten der im öffentlichen Dienst tätigen Personengruppen:

Beamte	Beschäftigte (Arbeitnehmer)
• nehmen hoheitliche Aufgaben wahr • dürfen aber auch privatrechtliche Verwaltungsaufgaben erfüllen • siehe § 3 Abs. 2 BeamtStG	• nehmen privatrechtliche Aufgaben wahr • hoheitliche Aufgaben nur ausnahmsweise
• öffentlich-rechtliches Dienst- und Treueverhältnis	• privatrechtliches Arbeitsverhältnis
• ist seinem Dienstherrn untergeordnet	• Gleichordnung („auf Augenhöhe") mit dem Arbeitgeber

Aber welche Aufgaben sind **„hoheitlich"**?

Es gibt hierzu keine gesetzliche Definition. In der Fachwelt besteht Einigkeit darüber, dass insbesondere Aufgaben der Eingriffsverwaltung (z. B. Polizei, Steuerverwaltung) als hoheitlich zu qualifizieren sind. Ob jedoch auch Lehrer hoheitlich tätig werden, ist unklar. Hierüber bestehen in der Literatur unterschiedliche Ansichten. In der Praxis wählen derzeit die meisten Bundesländer den Weg der Verbeamtung von Lehrern. Dies ist zwar nicht zwingend, erfolgt aber wohl auch aus Gründen einer besseren Personalgewinnung (Attraktivität des Arbeitsplatzes).

Bei den hessischen Kommunen geht der Trend nach Beobachtung des Verfassers tendenziell weg vom Beamtentum. So gibt es bereits heute zahlreiche kleinere Gemeinden, deren einziger hauptamtlicher Beamter der Bürgermeister ist. Das gesamte Veraltungspersonal besteht hier aus Tarifbeschäftigten. Ob dies angesichts der vielfältigen hoheitlichen Aufgaben der Kommunen zweckmäßg ist, bleibt dahingestellt. Auch erscheint fraglich, ob diese Entwicklung in Zeiten zunehmenden Fachkräftemangels anhalten wird. Aus Sicht des Verfassers stellt nämlich die Möglichkeit der Verbeamtung einen wichtigen Baustein der Attraktivität eines Arbeitgebers bzw. Dienstherrn dar.

1.3 Wesen des Beamtenverhältnisses

Das Beamtenverhältnis ist ein „öffentlich-rechtliches Dienst- und Treueverhältnis", vgl. § 3 Abs. 1 BeamtStG. Nähere Informationen hierzu enthält das folgende Schaubild:

Öffentlich-rechtliches	Dienst- und Treueverhältnis	zu einem Dienstherrn
Das Beamtenrecht gehört dem öffentlichen Recht an. Es wird einseitig durch Gesetz, Rechtsverordnung und Verwaltungsakt geregelt. Es besteht keine Gleich-, sondern **Über- und Unterordnung.** Deshalb sind Tarifverträge dem Beamtenrecht fremd.	Ein mit einem Arbeitsverhältnis nicht vergleichbares Rechtsverhältnis, welches **gesteigerte Rechte und Pflichten** zum Inhalt hat.	Die Dienstherrnfähigkeit besitzen der Bund, die Länder, Städte, Gemeinden, der HVSV, … Siehe hierzu § 2 BeamtStG.

1.4 Der Beamtenbegriff

Der Volksmund versteht unter einem Beamten eine Person, die staatliche Gewalt gegenüber dem Bürger ausübt. Hierunter fallen alle Angehörigen des öffentlichen Dienstes, also auch Tarifbeschäftigte. Der Beamtenbegriff ist manchmal negativ besetzt. So werden z. B. besonders lustlose Auftritte einer Fußballmannschaft oftmals mit „Beamtenfußball" umschrieben.

Im Rechtssinne unterscheidet man folgende Begriffe:
- Beamter im dienstrechtlichen Sinn
- Beamter im statusrechtlichen Sinn
- Beamter im haftungsrechtlichen Sinn
- Beamter im strafrechtlichen Sinn.

a) Beamte im dienstrechtlichen Sinn (engster Beamtenbegriff)
Als Beamter im dienstrechtlichen Sinn versteht man alle **Berufsbeamten.** Sie wurden durch Ernennungsurkunde ernannt und üben ihre Tätigkeit i. d. R. auf Lebenszeit aus.

zur dauernden Ausübung hoheitlicher Befugnisse	oder anderen Aufgaben, die aus Gründen der Sicherheit des Staates oder des öffentlichen Lebens nicht durch privatrechtlich Angestellte wahrgenommen werden dürfen
Vgl. Art. 33 Abs. 4 GG. Hoheitliche Tätigkeit ist dann gegeben, wenn die öffentliche Hand „übergeordnet“ ist, wenn sie also z. B. dem Bürger einseitig befehlend gegenübertritt. Klassische Hoheitsbereiche sind Polizei, Justizvollzug, Finanz- und Ordnungsbehörden. Auch die Leistungsverwaltung wird hoheitlich geführt.	Vgl. § 3 BeamtStG. Die Vorschrift ist nur verständlich vor dem Hintergrund des für Beamte geltenden Streikverbots. Deshalb werden in der Praxis auch Stellen, die zwar nicht zur Hoheitsverwaltung gehören, bei denen aber die Beschäftigung zum Streik berechtigter Personen die Sicherheit des Staates oder des öffentlichen Lebens gefährden würde, mit Beamten besetzt.

Innerhalb der Berufsbeamten wird unterschieden zwischen „Laufbahnbewerbern“ und „anderen Bewerbern“, doch dazu später mehr.
Nicht hierunter fallen Beamte auf Zeit (z. B. Bürgermeister) und Ehrenbeamte (z. B. Gemeindebrandinspektor). Auch Soldaten und Richter fallen nicht hierunter, denn sie stehen nicht in einem Beamtenverhältnis.

b) Beamte im statusrechtlichen Sinn
Hierzu gehören neben den Berufsbeamten **auch** die kommunalen **Wahlbeamten,** z. B. Landräte und Bürgermeister.

c) Beamte im haftungsrechtlichen Sinn
Beamte im haftungsrechtlichen Sinn sind neben den o. g. Berufs- und Wahlbeamten **auch Tarifbeschäftigte** und – gemäß Rechtsprechung – sogar Angehörige der Freiwilligen Feuerwehr.
Von einem Beamten im haftungsrechtlichen Sinn spricht man aber immer nur dann, wenn der verursachte Schaden bei einer **hoheitlichen Tätigkeit** entsteht. Ausschlag-

gebend ist demnach nicht das Rechtsverhältnis zum Dienstherrn, sondern die Art der übertragenen Funktion (Art. 34 Satz 1 GG).

d) Beamte im strafrechtlichen Sinn
Das StGB stellt bestimmte Amtsdelikte unter Strafe. Zu nennen sind insbesondere Bestechlichkeit, Vorteilsannahme, Vorteilsgewährung und Rechtsbeugung. Amtsträger im Sinne des StGB sind:

- alle Beamten im statusrechtlichen Sinn (siehe oben),
- alle sonstigen in einem öffentlich-rechtlichen Amtsverhältnis stehende Personen (z. B. Soldaten, Richter, Notare, Minister),
- Personen, die Aufgaben der öffentlichen Verwaltung wahrnehmen, weil sie durch die Behörde oder eine sonstige Stelle dazu bestellt wurden oder in deren Auftrag handeln (vor allem Tarifbeschäftigte) sowie
- für den öffentlichen Dienst verpflichtete Personen, z. B. Reinigungskräfte und Sicherheitspersonal (vgl. Verpflichtungsgesetz vom 02.03.1974).

1.5 Verfassungsrechtliche Verankerung des Berufsbeamtentums

In Artikel 33 GG finden sich die nachstehenden fundamentalen Aussagen zum Berufsbeamtentum:

a) Das Leistungsprinzip, Abs. 2

Jeder Deutsche hat nach seiner **Eignung, Befähigung und fachlichen Leistung** gleichen Zugang zu jedem öffentlichen Amt.

b) Die institutionelle Garantie (Abschaffungsverbot), Abs. 4

Die Ausübung **hoheitsrechtlicher Befugnisse** ist **als ständige Aufgabe** in der Regel Angehörigen des öffentlichen Dienstes zu übertragen, ...

c) Der Funktionsvorbehalt, Abs. 4

... die in einem öffentlich-rechtlichen Dienst- und Treueverhältnis stehen.

d) Die hergebrachten Grundsätze, Abs. 5

Das Recht des öffentlichen Dienstes ist unter **Berücksichtigung der hergebrachten Grundsätze** des Berufsbeamtentums zu regeln und fortzuentwickeln (siehe hierzu Nr. 1.5.1).

Hinweis: Während die o.g. Fortentwicklung jahrzehntelang „zentral“, d.h. durch den Deutschen Bundestag durchgeführt wurde, sind nunmehr 17 Gesetzgeber (neben dem Bundestag die 16 Landesparlamente) hierzu berufen. Wir erleben deshalb schon heute eine „beamtenrechtliche Vielfalt“ in Deutschland.

1.5.1 Hergebrachte Grundsätze

Der Begriff der „hergebrachten Grundsätze“ ist im Einzelnen nicht ohne weiteres zu bestimmen. Gemeint sind damit die grundlegenden Leitsätze des Beamtenrechts, die nicht beseitigt werden können, ohne dass das Berufsbeamtentum in der Wurzel getroffen und damit vernichtet würde.

> Das **Bundesverfassungsgericht** hat dies wie folgt formuliert:
>
> „Es handelt sich um jenen Kernbestand von Strukturprinzipien, die allgemein oder doch ganz überwiegend während eines längeren, Tradition bildenden Zeitraumes, ... als verbindlich anerkannt und gewahrt worden sind.“

Zu den hergebrachten Grundsätzen des Berufsbeamtentums zählen insbesondere:
- die Ausgestaltung des Beamtenverhältnisses als **öffentlich-rechtliches** Dienst- und Treueverhältnis,
- das **Alimentationsprinzip** (siehe auch Nr. 1.5.2),
- grundsätzlich lebenslängliche Anstellung,
- Hauptberuflichkeit (eine „antragslose Teilzeitarbeit“ ist dem Beamtenrecht fremd),
- Beendigung des Beamtenverhältnisses nur unter den gesetzlich bestimmten Voraussetzungen und Formen,
- die Pflicht zur unparteiischen Amtsführung,
- das Leistungsprinzip,
- das Recht des Beamten auf Vereinigungsfreiheit,
- die Pflicht zur Amtsverschwiegenheit und
- das Streikverbot.

Keine hergebrachten Grundsätze dagegen sind z.B. das Beihilfesystem, die wöchentliche Arbeitszeit sowie die jeweiligen gesetzlichen Altersgrenzen.

1.5.2 Das Alimentationsprinzip

Das Alimentationsprinzip ist der wohl bedeutendste „hergebrachte Grundsatz“ des Art. 33 Abs. 5 GG.

Das Alimentationsprinzip muss vor folgendem Hintergrund betrachtet werden:
Wegen der Eigenart des Beamtenverhältnisses kann der Dienstherr das Dienstverhältnis einseitig bestimmen (öffentliches Recht; der Beamte ist seinem Dienstherrn untergeordnet).

Dem Beamten stehen keinerlei Arbeitskampfmaßnahmen zu. Diese **strukturelle Unterlegenheit** des Beamten gegenüber seinem Dienstherrn gilt es auszugleichen.

Das Alimentationsprinzip beinhaltet deshalb die Pflicht des Dienstherrn, seinen Beamten **amtsangemessen zu unterhalten,** ihm also dauerhaft Besoldung und später Versorgung zukommen zu lassen. Es stellt einen Ausgleich dar für die Verpflichtung des Beamten, seine Arbeitskraft dem Dienstherrn zur Verfügung zu stellen und sich lebenslänglich mit voller Hingabe unter Einsatz seiner ganzen Persönlichkeit seinem Amt zu widmen.

Eine amtsangemessene Alimentation ist sogar als grundrechtsgleiches öffentliches Recht für den einzelnen Beamten **einklagbar** und einer Verfassungsbeschwerde nach Art. 93 Abs. 1 Nr. 4a GG zugänglich.

Allerdings hat der Gesetzgeber (dies sind der Bundestag und die 16 Länderparlamente; für Hessen also der Hessische Landtag) bei der Bestimmung der konkreten Besoldungshöhe einen weiten **Ermessensspielraum.**

Leitlinie ist: Das Netto-Einkommen des Beamten muss so bemessen sein, dass ihm ein über die Grundbedürfnisse hinausgehender Lebenskomfort ermöglicht wird. Zu berücksichtigen ist dabei natürlich der Dienstrang (Sekretär oder Oberamtsrat). Den Maßstab bilden die Entwicklung der allgemeinen wirtschaftlichen und finanziellen Verhältnisse sowie der allgemeine Lebensstandard. Der Gesetzgeber kann auch weitere Kriterien heranziehen, z. B. die Attraktivität des Beamtenverhältnisses, das Ansehen des Amtes und die erforderliche Ausbildung.

Der Gesetzgeber ist gehalten, die Höhe der Alimentation von Zeit zu Zeit **anzupassen,** vgl. § 16 HBesG. Ein strikter Gleichklang zu den Tariferhöhungen der Arbeitnehmer des öffentlichen Dienstes ist aber nicht zwingend notwendig. Gleichwohl ist fraglich, ob von der Politik vereinzelt angekündigte „Nullrunden“ für Beamte nicht (irgendwann) einen Verstoß gegen das Alimentationsprinzip darstellen.

Positiver Nebeneffekt des Alimentationsprinzips ist übrigens, dass der Beamte in die Lage versetzt wird, für eine stabile und **korruptionsfreie Verwaltung** zu sorgen und als verlässlicher Ausgleich gegenüber den „das staatliche Leben gestaltenden politischen Kräften“ zu wirken.

Finanzielle Belastungen für den Unterhalt einer **Familie** sind zu berücksichtigen. Näheres hierzu siehe Nr. 7.4 in diesem Buch (Familienzuschlag).

Auch die **Hinterbliebenen** eines Beamten haben einen eigenen Anspruch auf Versorgung: die Witwe bzw. der Witwer lebenslänglich, soweit eine Wiederverheiratung nicht erfolgt; das Waisenkind zeitlich beschränkt, vgl. §§ 22 ff. HBeamtVG.

Interessant wird in Zukunft sein, wie groß die besoldungsrechtlichen Unterschiede in den einzelnen Bundesländern ausfallen werden. Hier haben sich durch die Föderalismusreform II neue Gestaltungsmöglichkeiten für die Landespolitik aufgetan.

1.6 Beamtenrechtliche Grundbegriffe (bitte BeamtStG und HBG aufschlagen!)

Nachfolgend erhalten Sie wichtige Informationen zu zentralen Grundbegriffen des Beamtenrechts. Bitte versuchen Sie, die Lücken auszufüllen. Ein Blick in die angegebenen Rechtsgrundlagen hilft Ihnen dabei. Am Ende des Lückentextes finden Sie übrigens die Lösungen.

a) **Dienstherr**
Dienstherr im Sinne von § 2 BeamtStG ist die Beschäftigungsbehörde als juristische Person des ____________ Rechts, bei der der Beamte tätig ist.
Der Dienstherr besitzt die sog. ________________, d. h. er hat das Recht, Beamte zu beschäftigen und zu ernennen.

Die Stadt Kassel z. B. ist also gleichzeitig

- Dienstherr ihrer Beamten,
- Arbeitgeber ihrer ________________ und
- ________ ihrer Auszubildenden.

b) **Oberste Dienstbehörde**
Gemäß § 3 Abs.1 _____ ist die oberste Dienstbehörde eines Beamten die oberste Behörde des Dienstherrn, in deren Dienstbereich der Beamte ein Amt wahrnimmt. Nach § 3 Abs. 8 HBG sind bei Kommunen die jeweiligen Organe zuständig. Siehe hierzu § 73 Abs. 1 Satz 1 HGO (Gemeindevorstand) bzw. § 46 Abs. 1 Satz 1 HKO (Kreisausschuss).

<u>Beispiele:</u>

Dienstherr	**Oberste Dienstbehörde**
________	Magistrat
Gemeinde	Gemeindevorstand
Landkreis	____________
Land Hessen	jeweils zuständiges Ministerium

Der obersten Dienstbehörde obliegen die wesentlichen Entscheidungen für die Gestaltung des Beamtenverhältnisses.

c) **Dienstvorgesetzter**
Dienstvorgesetzter ist nach § 3 Abs. 2 HBG derjenige, der für beamtenrechtliche Entscheidungen über <u>persönliche Angelegenheiten</u> der nachgeordneten Beamten zuständig ist.

<u>Beispiele:</u>

Dienstherr	**Dienstvorgesetzter**
Gemeinde	____________ (vgl. § 73 Abs. 2 Satz 1 HGO)
Stadt	(Ober-)Bürgermeister
________	Landrat (vgl. § 46 Abs. 2 Satz 1 HKO)

d) **Vorgesetzter**
Vorgesetzter ist gemäß § 3 Abs. 3 HBG derjenige, der Beamten für __________ Tätigkeiten Anordnungen geben darf.
Beispiel:
Sekretär Olaf Schulz arbeitet im Personalamt der Stadt Wiesbaden. Sein Vorgesetzter ist Abteilungsleiter Streng, sein Dienstvorgesetzter ist der __________________.

e) **Begründung**
Während ein Arbeitsverhältnis durch ___seitigen Arbeitsv_____ abgeschlossen wird, bedarf es zur Begründung eines Beamtenverhältnisses einer einseitigen ________ (Verwaltungsakt, vgl. § 8 BeamtStG).

f) **Ausbildung**
Die Ausbildungszeit eines Laufbahnbeamten nennt man V_______dienst. Währenddessen befindet sich der Sekretäranwärter/Inspektoranwärter/Referendar im Beamtenverhältnis auf _______, vgl. § 4 Abs. 4 Buchst. a BeamtStG.

g) **Probezeit**
Nach erfolgreichem Abschluss des Vorbereitungsdienstes erfolgt regelmäßig eine „Übernahme" in ein Beamtenverhältnis auf Probe, § 4 Abs. 3 Buchst. a BeamtStG. Der Beamte befindet sich in einer Probezeit und muss sich in der Praxis bewähren. Sein Ziel besteht darin, in das Beamtenverhältnis auf __________ berufen zu werden, §10 BeamtStG, § 20 Abs. 2 HBG.

Die Probezeit dauert in Hessen _________, § 9 Abs. 2 HLVO (bitte merken!).

Lösungen zum Lückentext:
a) öffentlichen – Dienstherrnfähigkeit – Arbeitnehmer – Ausbildende
b) HBG – Stadt – Kreisausschuss
c) Bürgermeister – Landkreis
d) dienstliche – Oberbürgermeister
e) zweiseitigen Arbeitsvertrag – Ernennung
f) Vorbereitungsdienst – Widerruf
g) Lebenszeit – 3 Jahre.

So, das war schon ein ganz lehrreicher Spaziergang quer durch das hessische Beamtenrecht. Weiter geht es nun mit den wichtigsten Vorschriften:

1.7 Beamtenrechtliche Vorschriften

Die Gesetzgebungszuständigkeiten im Beamtenrecht sind wie folgt geregelt:

Der Bund hat die ausschließliche Gesetzgebungszuständigkeit für die Bundesbeamten, Art. 73 Abs. 1 Nr. 8 GG. Hierunter fallen z. B. Beamte der Bundeministerien, der Bundeswehr, der Bundespolizei usw. Um diesen Personenkreis wollen wir uns in diesem Buch aber nicht weiter kümmern, denn unser Blick richtet sich natürlich nach Hessen:

Für die **Statusrechte und -pflichten** der Beamten der Länder, Städte und Gemeinden, Gemeindeverbände (z. B. Landkreise, Landeswohlfahrtsverband) und anderen Körperschaften des öffentlichen Rechts obliegt dem Bund die sog. „konkurrierende Gesetzgebung“ (vgl. Art. 74 Abs. 1 Nr. 27 GG). Ein Beispiel für eine solche Körperschaft ist übrigens der HVSV, vgl. § 1 Abs. 1 Verwaltungsschulverbandsgesetz).

Hiervon hat der Bund Gebrauch gemacht, indem er mit Wirkung vom 01.04.2009 das Beamtenstatusgesetz (BeamtStG) erlassen hat.

Für die **Laufbahnen**, die **Besoldung** und die **Versorgung** der „hessischen Landes- Kommunal- und Körperschaftsbeamten“ hat das Land Hessen im Gegenzug die alleinige Gesetzgebungszuständigkeit erhalten, von der es im Wesentlichen ab dem 01.03.2014 in Form des 2. DRModG Gebrauch gemacht hat.

Die wichtigsten Regelungen für hessische Landes-, Kommunal- und Körperschaftsbeamte sind nachstehend aufgeführt:

a) Bundesgesetze
- das **Beamtenstatusgesetz** (BeamtStG)
- das Allgemeine Gleichbehandlungsgesetz (AGG)
- das Sozialgesetzbuch IX (SGB IX)

b) Landesgesetze
- das **Hessische Beamtengesetz** (HBG)
- das Hessische Besoldungsgesetz (HBesG)
- das Hessische Sonderzahlungsgesetz (HSZG)
- das Hessische Beamtenversorgungsgesetz (HBeamtVG)
- das Hessische Personalvertretungsgesetz (HPVG)
- das Hessische Gleichbehandlungsgesetz (HGIG)
- das Hessische Disziplinargesetz (HDG)
- das Hessische Reisekostengesetz (HRKG)

c) Landesverordnungen
- die Hessische Laufbahnverordnung (HLVO)
- die Hessische Arbeitszeitverordnung (HAZVO)
- die Hessische Urlaubsverordnung (HUrlVO)
- die Hessische Beihilfenverordnung (HBeihVO)
- die Hessische Mutterschutz- und Elternzeitverordnung (HMuSchEltZVO)
- die Nebentätigkeitsverordnung (NVO)
- die Ausbildungs- und Prüfungsordnungen (APOmD bzw. APOgD AV)
- die Dienstjubiläumsverordnung (JVO)

Unterhalb dieser Regelungen unterscheidet man ferner:

d) Dienststellenbezogene Regelungen
z. B. Dienstvereinbarung über die gleitende Arbeitszeit

e) Verwaltungsakte (VA)
z. B. Ernennung, Abordnung, Ruhestandsversetzung.

(Hinweis: Beamte gehören – neben z. B. Schülern, Studenten und Soldaten – zu den Personen, die in einem „besonderen Pflichtenverhältnis" zum Staat stehen. Maßnahmen gegen diese Personen erfüllen nur dann das VA-Merkmal der Außenwirkung (§ 35 Satz 1 HVwVfG), wenn ihr **Grundverhältnis** berührt wird. Dies ist bei Eingriffen betreffend den Status oder die persönliche Rechtssphäre der Fall.)

f) Beamtenrechtliche Maßnahmen ohne VA-Charakter
z. B. Umsetzung, Beurteilung, eiliger Arbeitsauftrag, missbilligende Äußerung.

(Hinweis: Bei den o. g. Maßnahmen spricht man von Regelungen im **Betriebsverhältnis.** Diese dienen der Regelung des inneren Bereichs der Behörde. Hier fehlt die Außenwirkung, sodass kein VA vorliegt.)

1.7.1 Verhältnis des BeamtStG zum HBG

Eine der Besonderheiten des Beamtenrechts liegt darin, dass zur Lösung konkreter Praxisfälle oftmals mehrere Gesetze bzw. Verordnungen zu beachten sind. Sehr häufig kommt es z. B. vor, dass sowohl das für hessische Landes-, Kommunal- und Körperschaftsbeamte unmittelbar geltende BeamtStG (des Bundes) als auch das HBG (Landesgesetz) sowie – zusätzlich – die HLVO (Landesverordnung) eine Regelung treffen. Wie stark dabei der Einfluss des BeamtStG ist, unterscheidet sich von Fall zu Fall. Oder anders ausgedrückt: **Es kommt darauf an!**

Dies verdeutlichen die folgenden Beispiele:
<u>Beispiel 1: Altersgrenzen</u>

- Gemäß § 25 BeamtStG treten Beamte auf Lebenszeit „nach Erreichen der Altersgrenze" in den Ruhestand. Eine konkrete Altersgrenze enthält das BeamtStG jedoch nicht. Die Festlegung ist vielmehr Sache der 16 Landesparlamente. Im Ergebnis ist es somit denkbar, dass in Deutschland mittelfristig bis zu 17 beamtenrechtliche Altersgrenzen bestehen (Bund und 16 Länder).

- Für hessische Landes-, Kommunal- und Körperschaftsbeamte legt § 33 Abs. 1 HBG die allgemeine Regelaltersgrenze auf 67 Jahre fest. Ein am 03.06.1964 geborener Verwaltungsbeamter tritt also mit Ablauf des 30.06.2031 in den Ruhestand. Für die Übergangsjahrgänge 1947–1963 gelten indes Sonderregelungen, vgl. § 33 Abs. 3 HBG. Für einen am 22.02.1951 geborenen Verwaltungsbeamten gilt demnach die besondere Altersgrenze von 65 Jahren und 5 Monaten. Er tritt somit mit Ablauf des 31.7.2016 in den Ruhestand.

- Nach § 34 HBG ist auch das Hinausschieben der Altersgrenze auf max. 70 Jahre möglich.

- Schließlich regelt § 35 HBG die sog. Antragsaltersgrenze ab Vollendung des 62. Lebensjahres (schwerbehinderte Beamte können bereits mit Ablauf des 60. Lebensjahres in den Ruhestand treten).

➔ Hinsichtlich der Altersgrenzen ist der Einfluss des BeamtStG somit sehr gering. Der Bund nimmt keinen unmittelbaren Einfluss und überlässt die inhaltliche Entscheidung komplett den Ländern.

Mehr Informationen zu diesem Thema siehe Nr. 10.5 in diesem Buch sowie Fall 19 im Übungsteil.

Beispiel 2: Abordnung und Versetzung

Hier sieht es komplett anders aus:

- Für **länderübergreifende** Abordnungen und Versetzungen (z. B. von Kassel nach Dortmund) gelten ausschließlich die §§ 13–15 BeamtStG. Das HBG regelt diese Fälle gar nicht.

- Für Abordnungen und Versetzungen **innerhalb** Hessens (z. B. von der Stadt Offenbach zur Stadt Fulda) gelten ausschließlich die §§ 24–26 HBG.

➔ Der Einfluss des BeamtStG in diesen Angelegenheiten beträgt somit – je nach Sachverhalt – 100 % bzw. 0 %.

Mehr Informationen zu diesem Thema siehe Kapitel 6 sowie die Fälle 8 und 9 im Übungsteil.

Beispiel 3: Zuweisung

- Die Zuweisung von Beamten ist inhaltlich abschließend in § 20 BeamtStG geregelt.

- § 3 Abs. 6 Satz 3 HBG regelt in diesem Zusammenhang nur die Zuständigkeit der obersten Dienstbehörde.

➔ Einfluss des BeamtStG: weit über 90 %.

Mehr Informationen zu diesem Thema siehe Nr. 6.4.

Beispiel 4: Wiederherstellung der Dienstfähigkeit

- § 29 Abs. 1 BeamtStG regelt die „Reaktivierung“ auf Antrag des Ruhestandsbeamten. Das Gesetz beinhaltet eine „Frist, die dem Landesrecht vorbehalten ist“.

- § 38 Abs. 1 HBG setzt diese Frist auf 10 Jahre fest.

➔ Einfluss des BeamtStG: Der Bund setzt den Rahmen, das HBG konkretisiert lediglich die Frist. Im Ergebnis sind jedoch zwingend beide Normen zu beachten.

Mehr Informationen zu diesem Thema siehe Nr. 10.5.2.1.

Beispiel 5: Dauer der Probezeit:

- § 10 BeamtStG bestimmt eine Probezeit von 6 bis 60 Monaten und lässt landesrechtlich Ausnahmen zu.
- § 20 Abs. 2 HBG schweigt zur Dauer der Probezeit.
- § 9 Abs. 2 HLVO regelt, dass die Probezeit in Hessen regelmäßig 3 Jahre beträgt. Daneben gibt es Anrechnungsmöglichkeiten, die in Nr. 5.5.1 näher beschrieben werden.

➔ Einfluss des BeamtStG: Der Bund setzt lediglich einen groben Rahmen, das HBG schweigt zur Dauer der Probezeit, während hier die HLVO die eigentliche Regelung beinhaltet.

FAZIT:

Die o.g. Beispiele zeigen, dass man im Rahmen beamtenrechtlicher Fallbearbeitungen sehr häufig sowohl das BeamtStG als auch das HBG (und oftmals auch die HLVO) prüfen muss. Der Einfluss des BeamtStG unterscheidet sich von Fall zu Fall, es kommt also – wie schon gesagt – immer darauf an. Häufig ergibt erst die Zusammenschau beider Gesetze (sowie der HLVO) ein brauchbares Ergebnis.

Völlig anders verhält es sich beispielsweise in personalvertretungsrechtlichen und besoldungsrechtlichen Fragen: Hier reicht ein direkter Blick in das HPVG bzw. das HBesG.

Es **empfiehlt** sich deshalb folgende Vorgehensweise:

a) personalvertretungsrechtliche Fragen → HPVG
Beispiel: Bedarf die Beförderung der Mitbestimmung des Personalrates?
➔ Die Antwort finden Sie in § 77 Abs. 1 Nr. 1 Buchst. b, § 69 Abs. 1 HPVG.

b) besoldungsrechtliche Fragen → HBesG
Beispiel: Wann ist Zahltag für die Bezüge hessischer Beamter?
➔ Die Antwort finden Sie in § 3 Abs. 5 HBesG.

c) statusrechtliche Fragen → BeamtStG, HBG, HLVO.
Unter statusrechtlichen Fragen sind z.B. Ernennungen (u.a. Beförderungen) und Entlassungen zu verstehen.
Beispiel: Darf Herr Hummel als „anderer Bewerber“ bei der Stadt Darmstadt eingestellt werden?

➔ Die Antwort finden Sie in § 7 Abs. 1 Nr. 3 BeamtStG, § 8 Abs. 2 HBG, § 19 Satz 4 HBG und § 35 HLVO.

Alles klar?

Mehr Informationen zum Thema „andere Bewerber“ finden Sie übrigens in Nr. 5.9 dieses Buches sowie in Fall 7 im Übungsteil.

1.8 Arten der Beamtenverhältnisse

§ 4 BeamtStG regelt die verschiedenen Arten der Beamtenverhältnisse:

- auf **Widerruf** (BaW) während Vorbereitungsdienst
- auf **Probe** (BaP) während Probezeit
- auf **Lebenszeit** (BaL) Regelfall
- **Ehren**beamte z. B. Stadtbrandinspektor, vgl. § 5 BeamtStG, § 5 HBG (ohne Anspruch auf Besoldung)
- auf **Zeit** z. B. Bürgermeister, vgl. § 6 BeamtStG, § 6 HBG

Eine Besonderheit stellt das Beamtenverhältnis auf Probe in Ämtern mit **leitender Funktion** dar, § 4 Abs. 3 Buchst. b BeamtStG. Hierunter fallen die in § 4 Abs. 1 und Abs. 2 Satz 1 HBG genannten Führungspositionen (z. B. Abteilungsleiter im Ministerium). Nach § 4 Abs. 3 Satz 1 HBG darf in ein solches Amt nur berufen werden, wer sich in einem Beamten- oder Richterverhältnis auf Lebenszeit befindet. Vom Tag der Ernennung zum Beamten auf Probe **ruhen** für die Dauer der (hier nur ausnahmsweise) zweijährigen Probezeit die wesentlichen Rechte und Pflichten aus dem zuvor ausgeübten Dienstverhältnis. Das Beamten- oder Richterverhältnis auf Lebenszeit besteht quasi im Hintergrund fort.

Mit erfolgreichem Abschluss der Probezeit ist dem Beamten das Amt mit leitender Funktion auf Dauer im Beamtenverhältnis auf Lebenszeit zu übertragen.

Wird das Amt mit leitender Funktion dagegen nicht auf Dauer übertragen (Nichtbewährung in der Probezeit), so endet der Anspruch auf Besoldung aus diesem Amt. Das bisherige Beamtenverhältnis auf Lebenszeit lebt wieder auf, und die Führungsposition kann erneut ausgeschrieben werden.

1.9 Der Amtsbegriff

Der Begriff „Amt“ wird in den Beamtengesetzen häufig verwendet, hat dabei aber nicht immer die gleiche Bedeutung. Dies erschwert leider die Rechtsanwendung.

Beispiele:
Ein weiter Amtsbegriff befindet sich in § 33 Abs. 1 Satz 2 BeamtStG:
„Beamte haben ... ihr Amt zum Wohl der Allgemeinheit zu führen.“

Ein enger Amtsbegriff liegt dem § 15 Abs. 1 BeamtStG zugrunde:
„Beamte können ... in ein Amt einer Laufbahn versetzt werden, für die sie die Befähigung besitzen.“

Man unterscheidet daher:
- Amt im statusrechtlichen Sinn und
- Amt im funktionellen Sinn.

a) Amt im statusrechtlichen Sinn
Mit diesem Begriff wird die rechtliche, insbesondere die besoldungsrechtliche Stellung des Beamten, ohne jede Beziehung zu seinem Aufgabenbereich, bezeichnet.
Beispiele: Obersekretär (A 7), Amtfrau (A 11).

Nach § 8 Abs. 3 BeamtStG wird Beamten auf Lebenszeit (BaL), Beamten auf Probe (BaP) und Beamten auf Zeit (BaZ) ein Amt verliehen.

Kein Amt im statusrechtlichen Sinn haben dagegen Beamte auf Widerruf (BaW) im Vorbereitungsdienst (Sekretäranwärter, Inspektoranwärter, Referendare).

b) Amt im funktionellen Sinn
Es beschreibt den Aufgabenkreis des Beamten, und zwar entweder abstrakt oder konkret:

- Das Amt im abstrakt-funktionellen Sinn kennzeichnet den **allgemeinen Aufgabenkreis** eines Beamten bei einer bestimmten Behörde, z. B. Amtsrat beim Kreisausschuss des Landkreises Fulda. In diesem Sinne ist der Begriff „Amt“ z. B. in § 15 Abs. 1 BeamtStG (länderübergreifende Versetzung) zu verstehen.

- Als Amt im konkret-funktionellen Sinn bezeichnet man den **besonderen Aufgabenkreis** eines Beamten bei einer bestimmten Behörde, z. B. Haushaltssachbearbeiter beim Kreisausschuss des Landkreises Fulda. Dieser Amtsbegriff, der z. B. in § 33 Abs. 1 Satz 2 BeamtStG verwendet wird, wird auch als „Dienstposten“ bezeichnet.

Der Beamte hat im Übrigen einen Rechtsanspruch auf Übertragung einer amtsangemessenen Tätigkeit. So dürfen z. B. von einem verbeamteten Lokführer keine Reinigungsdienste während Stillstandzeiten des Zuges verlangt werden (Urteil des BVerwG vom 03.03.2005 – 2 C 11.04 –).

Da der Beamte aber keinen Rechtsanspruch auf sein Amt im konkret-funktionellen Sinn hat, kann er grundsätzlich jederzeit innerhalb seiner Dienststelle auf einen anderen Dienstposten umgesetzt werden, z. B. vom Ordnungsamt in das Jugendamt. Dies resultiert aus der Organisationsgewalt des Dienstherrn. Mehr zur Umsetzung im Beamtenrecht siehe Nr. 6.3.

Schaubild zum Amtsbegriff:

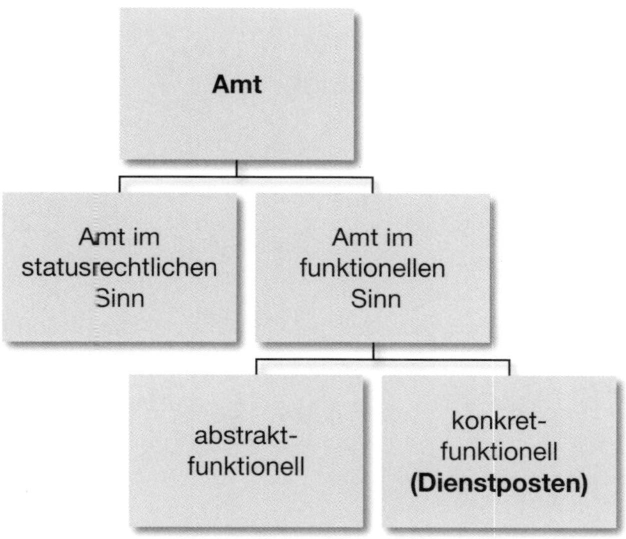

2. Personalauswahl

Im Rahmen einer beamtenrechtlichen Stellenbesetzung sind viele Rechtsvorschriften zu beachten. Nachfolgend erhalten Sie zunächst einen Überblick über die „sachlichen" und „persönlichen" Voraussetzungen:

2.1 Sachliche Voraussetzungen für die Berufung in das Beamtenverhältnis

(vom Dienstherrn zu erfüllen)

a) Dienstherrnfähigkeit — § 2 BeamtStG, § 2 HBG

b) Funktionsvorbehalt — § 3 Abs. 2 BeamtStG

c) Eine **Ausschreibung** soll erfolgen — § 10 Abs. 3 HBG
- Hinweis auf Bewerbungen von Frauen — § 8 Abs. 1 Satz 3 HGlG,
- Hinweis auf Teilbarkeit der Stelle — § 8 Abs. 2 HGlG,
- Ausschreibung muss „diskriminierungsfrei" sein — §§ 11, 7, 1 und 24 AGG.

d) Eine **Planstelle** muss vorhanden sein.
Mit der Begründung eines Beamtenverhältnisses auf Probe, auf Lebenszeit und auf Zeit wird gleichzeitig ein Amt im statusrechtlichen Sinne verliehen, § 8 Abs. 3 BeamtStG (nicht dagegen bei BaW). § 49 LHO stellt die Verbindung des Beamtenrechts zum Haushaltsrecht her. Zur Geltung dieser Norm auch für Kommunen siehe § 118 LHO.

Auszug aus der LHO:

§ 49 **Einweisung in eine Planstelle**

(1) Ein Amt darf nur zusammen mit der Einweisung in eine besetzbare Planstelle verliehen werden.

(2) Wer als Beamter befördert wird, kann mit Wirkung vom Ersten des Monats, in dem seine Ernennung wirksam geworden ist, in die entsprechende, zu diesem Zeitpunkt besetzbare Planstelle eingewiesen werden. Er kann **mit Rückwirkung von höchstens drei Monaten,** zum Ersten eines Monats, in eine besetzbare Planstelle eingewiesen werden, wenn er während dieser Zeit die Obliegenheiten dieses oder eines gleichwertigen Amtes wahrgenommen und die beamtenrechtlichen Voraussetzungen für

> § 118 **Personalwirtschaftliche Grundsätze für andere Körperschaften, Anstalten und Stiftungen des öffentlichen Rechts**
>
> Die Vorschriften des § 49 Abs. 1 und 2 gelten auch für Beamte der Gemeinden, Gemeindeverbände und der anderen der Aufsicht des Landes unterstehenden Körperschaften, Anstalten und Stiftungen des öffentlichen Rechts.

Mit der Verleihung eines Amts ist somit untrennbar die Einweisung in eine freie und besetzbare Planstelle verbunden. Für jeden Beamten, der ein Amt besitzt, ist also eine Planstelle mit Amtsbezeichnung und Besoldungsgruppe vorzusehen. Alle Planstellen sind im Stellenplan zusammenzufassen (siehe z. B. § 5 GemHVO), welcher Bestandteil des Haushaltsplans ist (§ 1 Abs. 1 Nr. 3 GemHVO). Eine freie Planstelle ist aber nur eine „haushaltsrechtliche" Ernennungsvoraussetzung. Eine Ernennung ohne Einweisung in eine Planstelle wäre somit zwar rechtswidrig, aber dennoch voll wirksam.

Nähere Informationen enthalten die vorläufigen Verwaltungsvorschriften des Hessischen Ministeriums der Finanzen vom 22.04.2014 (Staatsanzeiger Nr. 32/2014, Seite 633).

Abzugrenzen von der Planstelleneinweisung ist die **Dienstpostenübertragung,** mit der dem Beamten eine neue Funktion (z. B. eine Beförderungsstelle im Ordnungsamt) übertragen wird. Diese kann, muss aber nicht mit der Planstelleneinweisung zeitlich einhergehen. Beachte in diesem Zusammenhang § 21 Abs. 1 Satz 2 HBG (dreimonatige Erprobungszeit bei Beförderung, die mit einer höherwertigen Funktion verbunden ist).

Daneben sind bei der Berufung in das Beamtenverhältnis die nachstehenden Beteiligungsrechte zu berücksichtigen:

- Mitbestimmung des Personalrats — § 77 Abs. 1 Nr. 1a HPVG
  Mitbestimmung bedeutet gemäß § 69 Abs. 1 HPVG, dass der Personalrat (als Gremium, nicht nur der Vorsitzende) vor Durchführung der Maßnahme (z. B. der Einstellung) zustimmt. Näheres siehe Nr. 2.1.1.

- Beteiligung der Frauenbeauftragten — § 16 Abs. 1 Satz 2 Nr. 2 HGlG
  Die Frauenbeauftragte ist rechtzeitig, mindestens zwei Wochen vor der Entscheidung, zu unterrichten und anzuhören, vgl. § 16 Abs. 3 HGlG. Dies gilt natürlich auch bei Einstellungen von Männern. Näheres siehe Nr. 2.1.2.

- Beteiligung der Schwerbehindertenvertretung — § 95 SGB IX
  Dies gilt in allen Angelegenheiten, die einen einzelnen oder die schwerbehinderten Menschen als Gruppe berühren. Beachte in diesem Zusammenhang auch das Recht zur Teilnahme an Vorstellungsgesprächen, § 95 Abs. 2 Satz 3 SGB IX.

2.1.1 Die Beteiligung des Personalrates

Ein ganz wesentlicher Punkt bei vielen beamtenrechtlichen Entscheidungen in der Praxis, aber auch in Klausuren, ist die Frage der Beteiligung der Personalvertretung (falls vorhanden; durch meine dienstlichen Kontakte insbesondere zu kleineren Gemeinden in Nordhessen habe ich erfahren, dass nicht wenige Gemeinden gar keinen Personalrat haben. In diesem Fall können Sie diesen Abschnitt natürlich überspringen. Da die allermeisten Dienststellen jedoch selbstverständlich einen Personalrat gebildet haben, wird im Folgenden hiervon ausgegangen).

Das HPVG kennt fünf unterschiedliche Stufen der Beteiligung des Personalrates:

Stufe 1: Mitbestimmung

Mitbestimmung ist die stärkste Form der Beteiligung. Sie ist z. B. bei einer Einstellung in das Beamtenverhältnis zu beachten, § 77 Abs. 1 Nr. 1 Buchst. a HPVG.

In den Fällen der Mitbestimmung darf der Dienstherr ohne vorherige Zustimmung des Personalrates nicht tätig werden. Deshalb sieht das Gesetz vor, dass der Dienststellenleiter den Personalrat rechtzeitig von der beabsichtigten Maßnahme unterrichtet und seine Zustimmung beantragt, § 69 Abs. 1 Satz 1 HPVG.

Der Beschluss des Personalrates ist dem Dienststellenleiter innerhalb von zwei Wochen (in dringenden Fällen ausnahmsweise innerhalb einer Woche) nach Antragstellung mitzuteilen. Versäumt es der Personalrat, innerhalb dieser Frist seine Zustimmung schriftlich begründet zu verweigern, so gilt die Maßnahme als gebilligt, § 69 Abs. 1 Satz 3 HPVG **(Zustimmungsfiktion)**.

Bei **Nichteinigung** zwischen Dienststellenleitung und Personalrat ist zu unterscheiden zwischen voller Mitbestimmung (Letztentscheidung der Einigungsstelle nach §§ 69 ff. HPVG) und modifizierter Mitbestimmung („empfehlender Charakter" des Spruches der Einigungsstelle und endgültige Entscheidung der Landesregierung bzw. des Gemeindevorstandes, Kreisausschusses etc., § 71 Abs. 4 und 5 HPVG).

Dieses Letztentscheidungsrecht greift z. B. in den sehr praxisrelevanten Fällen des § 77 Abs. 1 HPVG (Personalangelegenheiten der Beamten). Hier sind die der Mitbestimmung unterliegenden personellen Maßnahmen abschließend aufgelistet. Beachte hierzu jedoch auch die Ausnahmen in § 78 HPVG (z. B. keine Mitbestimmung bei Beamtenstellen der Besoldungsgruppe A 16 HBesG).

Schaubild:

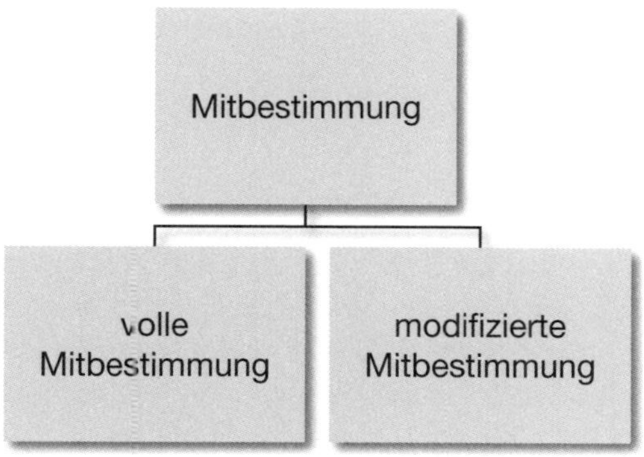

Der Personalrat darf eine Personalvorlage nicht mit der Begründung ablehnen, ein Mitbewerber sei besser geeignet. Solche Auswahlentscheidungen trifft nämlich ausschließlich der Dienstherr. Der Personalrat hat kein „Mitbeurteilungsrecht", sondern er kann seine Zustimmung nur in den in § 77 Abs. 4 HPVG abschließend aufgeführten Fällen wirksam verweigern.

Fühlen Sie sich fit beim Thema „Mitbestimmung des Personalrates in Personalangelegenheiten"? Dann lösen Sie bitte den Fall 1 im Übungsteil. Viel Erfolg!

Stufe 2: Mitwirkung

Hier erfolgt eine eingehende vorherige Beratung zwischen dem Dienststellenleiter und dem Personalrat.

Bei Nichteinigung erfolgt im Landesbereich die Einschaltung der übergeordneten Dienststelle und der Stufenvertretung, § 72 HPVG.

Im Kommunalbereich gilt § 72 Abs. 6 HPVG, wonach der Personalrat innerhalb von zwei Wochen nach Zugang der Mitteilung (§ 72 Abs. 3 HPVG) die Entscheidung der obersten Dienstbehörde beantragen kann. Zum Begriff der obersten Dienstbehörde siehe oben unter Nr. 1.6 Buchst. b.

Als Beispiel für ein Mitwirkungsverfahren sei die beabsichtigte Versagung einer Nebentätigkeit eines Beamten genannt, § 78 Abs. 1 Nr. 1 HPVG.

Stufe 3: Anhörung

Bei der Anhörung erfolgt eine rechtzeitige vorherige Beratung mit dem Personalrat über einen bestimmten Sachverhalt. Sodann hat der Dienststellenleiter die beabsichtigte

Maßnahme zu begründen. Hat der Personalrat Bedenken, so hat er sie unter Angabe der Gründe dem Dienststellenleiter spätestens innerhalb von drei Arbeitstagen schriftlich mitzuteilen. Danach entscheidet der Dienststellenleiter (vgl. z. B. bei fristlosen Entlassungen § 78 Abs. 2 HPVG).

Stufe 4: Unterrichtung

Siehe hierzu § 62 Abs. 2 HPVG, wonach der Personalrat zur Durchführung seiner Aufgaben rechtzeitig und umfassend zu unterrichten ist. Ihm sind die hierfür erforderlichen Unterlagen vorzulegen. Dazu gehören in Personalangelegenheiten die Bewerbungsunterlagen aller Bewerber. Zwar steht dem Personalrat nicht das Recht zu, an Vorstellungsgesprächen teilzunehmen. In der Praxis hat sich eine solche Teilnahme zumindest eines Mitglieds des Personalrates aber durchaus bewährt.

Das Unterrichtungsrecht des Personalrates ist auch vor dem Hintergrund der **vertrauensvollen Zusammenarbeit** zu sehen (§ 66 Abs. 1 HPVG). So sollen der Dienststellenleiter und der Personalrat regelmäßig zum sog. „Monatsgespräch“ zusammentreten, § 60 Abs. 4 HPVG.

Stufe 5: Initiativrecht

Dem Personalrat steht im Rahmen des § 69 Abs. 3 HPVG (soziale und personelle Mitbestimmungsangelegenheiten) auch ein Initiativrecht zu, das im Falle der Nichteinigung ggf. auch das Einigungsstellenverfahren auslöst.

Welche Auswirkungen eine **fehlerhafte Beteiligung** des Personalrates hat, ist abhängig von dem Rechtscharakter der Maßnahme. Es kommt also auch hier wieder mal „darauf an“.

Zum Beispiel bleiben **Ernennungen** ohne Beteiligung des Personalrates in ihrer Rechtswirksamkeit unberührt (die §§ 11, 12 BeamtStG haben abschließenden Charakter; der Tatbestand des § 12 Abs. 1 Nr. 4 BeamtStG ist nicht erfüllt, da der Personalrat nach Auffassung des Verfassers keine „unabhängige Stelle“ ist; als solche gilt der Direktor des LPA, vgl. § 97 HBG). Eine Ernennung ohne Beteiligung des Personalrates ist also rechtswidrig (Verstoß gegen das HPVG), aber voll wirksam.

Sonstige rechtswidrige Verwaltungsakte im Beamtenrecht sind regelmäßig durch Widerspruch anfechtbar.

Im Arbeitsrecht hingegen wäre der Abschluss eines Arbeitsvertrages ohne Beteiligung des Personalrates zwar wirksam, allerdings besteht nach der ständigen Rechtsprechung der Arbeitsgerichte ein personalvertretungsrechtliches Beschäftigungsverbot. Derartige Kündigungen dagegen sind unwirksam (vgl. § 66 Abs. 2 HPVG).

Im Übrigen ist die ordnungsgemäße Beteiligung des Personalrates regelmäßig „Wirksamkeitsvoraussetzung“ der jeweiligen Maßnahme.

2.1.2 Die Beteiligung der Frauenbeauftragten

§ 14 Abs. 1 HGlG beinhaltet für Dienststellen mit 50 oder mehr Beschäftigten die Verpflichtung zur **Bestellung** einer Frauenbeauftragten. § 74 Abs. 1 Nr. 3 HPVG enthält ein Mitbestimmungsrecht des Personalrates bei einer solchen Bestellung. Für andere Dienststellen kann eine Frauenbeauftragte bestellt werden.

Nach § 14 Abs. 2 HGlG darf nur eine **Frau** zur Frauenbeauftragten bestellt werden. Die **Dauer** der Bestellung beträgt 6 Jahre, § 15 Abs. 1 HGlG. Hiervon zu unterscheiden sind die kommunalen Frauenbüros nach § 4b HGO, welche durch das Hessische Gleichberechtigungsgesetz nicht berührt werden, § 22 HGlG.

Die **Aufgaben** der Frauenbeauftragten sind in § 16 HGlG aufgeführt. Die in der Personalpraxis wohl wichtigste Aufgabe ist in § 16 Abs. 1 Satz 2 Nr. 2 HGlG aufgeführt. Hiernach hat die Frauenbeauftragte das Recht, an personellen Maßnahmen im Sinne der §§ 63, 77 und 78 HPVG beteiligt zu werden. Nach § 16 Abs. 3 HGlG ist sie rechtzeitig, mindestens zwei Wochen vor der Entscheidung, zu unterrichten und anzuhören. Auch ist der Frauenbeauftragten Gelegenheit zu geben, am Monatsgespräch zwischen Dienststellenleitung und Personalrat nach § 60 Abs. 4 HPVG teilzunehmen, § 16 Abs. 5 HGlG. Schließlich beinhaltet § 17 HGlG ein Widerspruchsrecht der Frauenbeauftragten.

Die gesetzlichen Beteiligungsrechte stehen der Frauenbeauftragten unabhängig davon zu, ob ein Mann oder eine Frau eingestellt, befördert oder entlassen werden soll.

2.2 Persönliche Voraussetzungen für die Berufung in das Beamtenverhältnis

(vom Bewerber zu erfüllen)

1. Muss **Deutscher** im Sinne des Art. 116 GG oder EU-Bürger sein, vgl. § 7 Abs. 1 Nr. 1 Buchst. a BeamtStG.
   Die EU hat derzeit neben Deutschland die 27 folgenden Mitgliedsstaaten:
   Belgien, Bulgarien, Dänemark, Estland, Finnland, Frankreich, Griechenland, Irland, Italien, Kroatien, Lettland, Litauen, Luxemburg, Malta, Niederlande, Österreich, Polen, Portugal, Rumänien, Schweden, Slowakei, Slowenien, Spanien, Tschechische Republik, Ungarn, Vereinigtes Königreich, Zypern.
   Die „anderen Vertragsstaaten“ im Sinne von § 7 Abs. 1 Nr. 1 Buchst. b BeamtStG sind Island, Liechtenstein und Norwegen. Angehörige dieser Staaten können somit in ein Beamtenverhältnis zu einem deutschen Dienstherrn berufen werden.
   Der einzige in § 7 Abs. 1 Nr. 1 Buchst. c BeamtStG genannte „Drittstaat“ ist die Schweiz.

2. Muss für die **freiheitliche demokratische Grundordnung** (FDGO) im Sinne des GG eintreten, vgl. § 7 Abs. 1 Nr. 2 BeamtStG (siehe auch § 33 BeamtStG). Eine entsprechende Bestimmung hinsichtlich der Verfassung des Landes Hessen beinhaltet § 8 Abs. 1 HBG. Näheres siehe Nr. 2.2.1.

3. Muss die nach Landesrecht vorgeschriebene **Befähigung** besitzen, vgl. § 7 Abs. 1 Nr. 3 BeamtStG i.V.m. § 8 Abs. 2 HBG (Laufbahnbewerber siehe Nr. 5.3 ff., „andere Bewerber" siehe Nr. 5.9).

4. Darf das **Höchstalter** nach Laufbahnrecht nicht überschritten haben. Dabei regelt § 11 Abs. 1 HLVO die allgemeine Altersgrenze von 50 Jahren bei Einstellung, die Absätze 2 und 3 beinhalten Ausnahmevorschriften. Eine besondere Altersgrenze für den Vorbereitungsdienst enthält § 18 HLVO (höchstens 40 Jahre, Ausnahmen sind aber auch hier möglich). Maßgeblich für die Beurteilung der jeweiligen Altersgrenze ist der jeweilige Ernennungszeitpunkt. Der Zweck dieser Altersgrenzen besteht darin, ein angemessenes Verhältnis zwischen der noch erbringbaren Arbeitsleistung des Beamten und den Versorgungsansprüchen herzustellen. Daher stehen diese Regelungen wohl auch mit dem AGG im Einklang.

5. Darf nicht Mitglied des Bundestages oder eines Landtages sein (Trennung von Amt und Mandat).

6. Muss die Fähigkeit zur Bekleidung öffentlicher Ämter haben, vgl. § 11 Abs. 1 Nr. 3 Buchst. b BeamtStG.

7. Darf kein **Verbrechen** oder Vergehen begangen haben, das ihn für die Berufung in das Beamtenverhältnis unwürdig erscheinen lässt, vgl. § 12 Abs. 1 Nr. 2 BeamtStG.

8. Muss **dienstfähig** sein, vgl. § 23 Abs. 1 Nr. 3, § 26 BeamtStG. Näheres zur ärztlichen Untersuchung siehe § 36 HBG.

9. Muss in „geordneten wirtschaftlichen Verhältnissen" leben.

10. Muss die **laufbahnrechtlichen** Voraussetzungen erfüllen. So verlangt z.B. § 15 Abs. 2 Satz 1 Nr. 1 HBG den Abschluss einer Realschule, um in eine Laufbahn des mittleren Dienstes einzutreten. Für den gehobenen Dienst ist Bildungsvoraussetzung regelmäßig das Abitur, § 15 Abs. 3 Nr. 1 HBG, während für den höheren Dienst der erfolgreiche Abschluss eines Masterstudiums verlangt wird, § 15 Abs. 4 Satz 1 Nr. 1 HBG. Näheres zum Bewerbungsverfahren in der Laufbahn des mittleren Dienstes der allgemeinen Verwaltung siehe § 3 APOmD, für die Laufbahn des gehobenen Dienstes der allgemeinen Verwaltung vgl. § 3 APOgD AV. Im weiteren Verlauf einer beamtenrechtlichen Karriere sind als „laufbahnrechtliche Voraussetzungen" vor allem die Beförderungsverbote des § 21 HBG zu beachten (siehe hierzu Nr. 5.5.2.4).

2.2.1 Freiheitliche demokratische Grundordnung

Zur freiheitlichen demokratischen Grundordnung im Sinne der Legaldefinition des § 4 Abs. 2 des Bundesverfassungsschutzgesetzes (BVerfSchG) zählen:

1. das **Recht des Volkes, die Staatsgewalt in Wahlen** und Abstimmungen und durch besondere Organe der Gesetzgebung, der vollziehenden Gewalt und der Rechtsprechung **auszuüben** und die Volksvertretung in allgemeiner, unmittelbarer, freier, gleicher und geheimer Wahl zu wählen,

2. die **Bindung** der Gesetzgebung an die verfassungsmäßige Ordnung und die Bindung der vollziehenden Gewalt und der Rechtsprechung **an Gesetz und Recht,**

3. das **Recht auf** Bildung und Ausübung einer parlamentarischen **Opposition,**

4. die **Ablösbarkeit der Regierung** und ihre Verantwortlichkeit gegenüber der Volksvertretung,

5. die **Unabhängigkeit der Gerichte,**

6. der **Ausschluss jeder Gewalt- und Willkürherrschaft** und

7. die im Grundgesetz konkretisierten **Menschenrechte.**

2.3 Auslese der Bewerber

In der Privatwirtschaft besteht keine rechtliche Verpflichtung, den besten Bewerber einzustellen. Ein Arbeitgeber darf einen Bewerber also ablehnen, weil ihm „seine Nase nicht passt".

Im öffentlichen Dienst ist dies anders: Hier zwingt Art. 33 Abs. 2 GG zur „Bestenauslese". Dies gilt übrigens auch für Stellen von Tarifbeschäftigten. Jeder Bewerber hat dabei einen sog. **„Bewerbungsverfahrensanspruch",** d. h. einen Anspruch auf ein ordnungsgemäßes Auswahlverfahren und auf eine ermessensfehlerfreie Entscheidung über seine Bewerbung. Im Beamtenrecht wird dies einzelgesetzlich konkretisiert durch § 9 BeamtStG und § 10 HBG. Die Auslese der Bewerber hat nach Eignung, Befähigung und fachlicher Leistung zu erfolgen, § 3 HLVO. Aber was bedeutet dies im Einzelnen?

Eignung (§ 2 Abs. 2 HLVO)

Hier wird auf die **Person** selbst mit ihren körperlichen, geistigen, seelischen und charakterlichen Eigenschaften abgestellt. Vor Beginn des Vorbereitungsdienstes finden üblicherweise Eignungsprüfungen statt, vgl. § 10 Abs. 1 Satz 2 HBG, § 7 HLVO.

Die körperliche Eignung wird nach amtsärztlicher Untersuchung festgestellt, § 10 Abs. 2 HBG. Dabei kann z. B. ein Body-Mass-Index von über 30 als Grund gelten, einen Bewerber wegen Übergewichts ungeeignet erscheinen zu lassen. Zu beachten ist, dass der Amtsarzt lediglich als Sachverständiger tätig wird, während die Entscheidung über die körperliche Eignung des Bewerbers ausschließlich durch den Dienstherrn getroffen wird. Dabei hat der Dienstherr die körperlichen Voraussetzungen der jeweiligen Laufbahn zu bestimmen (bei der Polizei wird wohl ein strengerer Maßstab anzulegen sein als in der Verwaltung) und eine Prognose bis zum Erreichen der Altersgrenze zu treffen.

Bei der charakterlichen Eignung steht z. B. die Verfassungstreue im Vordergrund. Maßgebend ist neben dem polizeilichen Führungszeugnis vor allem der persönliche Eindruck im Vorstellungsgespräch. Die Verwaltungsgerichte haben sich in letzter Zeit auch zunehmend mit der Frage auseinandergesetzt, ob z. B. großflächige Tätowierungen am Unterarm eines Bewerbers für den Polizeidienst einen Eignungsmangel darstellen (vgl. hierzu den Beschluss des OVG NRW vom 26.09.2014 – 6 B 1064/14 –).

Befähigung (§ 2 Abs. 3 HLVO)

Der Gesichtspunkt der Befähigung stellt auf die **Vorbildung** nach Maßgabe der HLVO ab, umfasst aber auch fachrelevantes Allgemeinwissen, Lebenserfahrung und Begabung („handwerkliches Rüstzeug“).

Fachliche Leistung (§ 2 Abs. 4 HLVO)

Hier spielen vor allem die berufliche Entwicklung, die Befähigung in der jeweiligen Berufssparte, das fachliche Wissen und das fachliche Können eine Rolle. Hier zeigt sich also die praktische Bewährung in der bisherigen Arbeit. Die fachliche Leistung findet ihren Ausdruck in der Beurteilung der Beamten und ist meist das entscheidende Kriterium bei Beförderungen.

Die oben erläuterten Begriffe „Eignung“, „Befähigung“ und „fachliche Leistung“ stellen unbestimmte Rechtsbegriffe dar. Diese unterliegen als **Akte wertender Erkenntnis** des Dienstherrn nur einer eingeschränkten verwaltungsgerichtlichen Nachprüfung.
Im Einzelnen steht den Gerichten lediglich die Kontrolle zu, ob der Dienstherr

- die o. g. unbestimmten Rechtsbegriffe verkannt,
- der Beurteilung einen unrichtigen Sachverhalt zu Grunde gelegt,
- allgemein gültige Wertmaßstäbe nicht beachtet oder
- sachwidrige Erwägungen angestellt hat.

Das **HGIG** bzw. ein Frauenförderplan berechtigen nicht zur Bevorzugung von Frauen. Jedoch sind nach § 10 Abs. 1 Satz 2 HGIG Fähigkeiten und Erfahrungen, die durch Familienarbeit erworben wurden, in bestimmten Fällen bei der Qualifikationsbeurteilung zu berücksichtigen. Beachte auch § 10 Abs. 5 HGIG für den Fall, dass kein Frauenförderplan aufgestellt wurde.

Auch **schwerbehinderte** Menschen (ab einem GdB von 50, siehe § 2 Abs. 2 SGB IX) haben keinen Anspruch auf bevorzugte Berücksichtigung bei der Stellenvergabe. Beachte aber § 82 Sätze 2 und 3 SGB IX (Verpflichtung zur Einladung schwerbehinderter Bewerber zum Vorstellungsgespräch, es sei denn, der Bewerber ist „offensichtlich ungeeignet"). Im Übrigen darf bei schwerbehinderten Bewerbern nur ein Mindestmaß an körperlicher Eignung verlangt werden, § 128 SGB IX und § 12 HLVO. Im Bewerbungsverfahren ist die Vorlage einer Kopie des Schwerbehindertenausweises selbstverständlich freiwillig, vgl. § 3 Abs. 2 Satz 3 APOmD bzw. § 3 Abs. 2 Satz 3 APOgD AV. Allerdings darf ein schwerbehinderter Bewerber, der sich im Bewerbungsverfahren nicht als solcher offenbart, konsequenterweise die Rechte nach dem SGB IX auch nicht in Anspruch nehmen.

Für **gleichgestellte** behinderte Menschen gilt § 68 Abs. 3 SGB IX (zum Begriff siehe § 2 Abs. 3 SGB IX).

Beförderungsentscheidungen des Dienstherrn basieren stets auf einer aktuellen Leistungsbeurteilung, vgl. § 59 HBG. Nach § 39 HLVO sind Beamte mindestens alle drei Jahre zu beurteilen. Gemäß § 40 Abs. 2 HLVO ist die dienstliche Beurteilung mit einem Gesamturteil abzuschließen.

In der Praxis verzichten zahlreiche Dienstherren auf ein flächendeckendes Beurteilungswesen und bevorzugen stattdessen sog. Anlassbeurteilungen. Die in § 41 Abs. 3 Satz 2 HLVO angekündigten Richtlinien bleiben indes abzuwarten.

Beispiel:
Auf eine ausgeschriebene Stelle bewerben sich die folgenden Personen, welche soeben ihren Vorbereitungsdienst erfolgreich abgeschlossen haben:

Herr A 7 Punkte (Laufbahnprüfung),
Herr B 12 Punkte,
Frau C 11 Punkte,
Herr D 11 Punkte, GdB 50.

Die Vorstellungsgespräche ergeben keine abweichenden Erkenntnisse.

Frage: Wer wird eingestellt?

Antwort: Im Rahmen der „Bestenauslese" wird Herr B als leistungsstärkster Bewerber eingestellt. Die Voraussetzungen für die Einstellung der Frau C (einzige Frau) und des schwerbehinderten Bewerbers D sind nicht erfüllt.

Einen besonderen Personenkreis stellen **Soldaten** dar: Nach § 10 SVG sind neben dem Land Hessen u. a. auch die Städte und Gemeinden mit mehr als 10.000 Einwohnern verpflichtet, einen Teil ihrer Arbeitsplätze für eingliederungsberechtigte Soldaten der Bundeswehr vorzuhalten.

Erfolgt eine Bewerbung **nach Fristablauf,** so ist zu beachten, dass es sich hierbei um keine Ausschluss-, sondern um eine Ordnungsfrist handelt. Die Entscheidung, ob solche Bewerbungen noch berücksichtigt werden, liegt deshalb im pflichtgemäßen Ermessen der Behörde (beachte Gleichbehandlung, Art. 3 Abs. 1 GG). Ist das Verfahren der Stellenbesetzung im Zeitpunkt der Bewerbung bereits so weit fortgeschritten, dass eine Berücksichtigung der verspätet eingegangenen Bewerbung die legitimen Interessen an einer möglichst zügigen Stellenbesetzung beeinträchtigen würde, so ist die Zurückweisung der Bewerbung in der Regel nicht ermessensfehlerhaft (BVerwG-Urteil vom 30.04.2012 – 2 VR 6/11 –).

Die **Aufhebung** einer Stellenausschreibung ist dann zulässig, wenn ein öffentliches Interesse daran besteht. Hierunter fallen z. B. haushaltswirtschaftliche Gründe.

Hat der Personalrat ein Teilnahmerecht an **Vorstellungsgesprächen?** Nein, dies ist nicht der Fall. Es besteht lediglich ein Recht an Teilnahme an Prüfungen, vgl. § 62 Abs. 3 HPVG. Gleichwohl wird in der behördlichen Praxis aus Gründen der vertrauensvollen Zusammenarbeit (vgl. § 60 Abs. 1 HPVG) regelmäßig ein Vertreter des Personalrates zu jedem Vorstellungsgespräch eingeladen.

Dagegen hat die Frauenbeauftragte das Recht, an Vorstellungsgesprächen beteiligt zu werden, § 16 Abs. 1 Satz 2 Nr. 3 HGlG. Dies gilt übrigens auch für die Schwerbehindertenvertretung, § 95 Abs. 2 Satz 3 SGB IX.

2.3.1 Laufbahnbewerber

Die meisten Berufsbeamten sind sog. Laufbahnbewerber. Sie erwerben ihre Befähigung nach den Bestimmungen des § 8 Abs. 1 HLVO. Weitere Details hierzu entnehmen Sie bitte dem Kapitel 5 (Laufbahnrecht).

2.3.2 Andere Bewerber

Von den Laufbahnbewerbern unterschieden werden die sog. „anderen Bewerber", vgl. § 8 Abs. 2 sowie § 35 HLVO. Näheres hierzu siehe Nr. 5.9 sowie Fall 7 im Übungsteil.

2.4 Vergabe einer Beförderungsstelle

Aus Gründen der besonderen Bedeutung für die behördliche Praxis wird im Folgenden ausführlich Stellung genommen zur Vergabe einer Beförderungsstelle.

- Der erste Schritt eines beamtenrechtlichen Beförderungsverfahrens ist die sog. **Dienstpostenbewertung.** Hierbei nimmt der Dienstherr eine sachgerechte Bewertung der auf der Stelle zu erfüllenden Aufgaben vor. Für die Anhebung einer Planstelle ist eine nachvollziehbare Begründung erforderlich (z. B. wesentliche Erhöhung des Schwierigkeitsgrades, deutlich höhere Verantwortung), vgl. § 21 HBesG. Gemäß § 21 Satz 3 HBesG kann auch eine Bündelung von bis zu 3 Ämtern vorgenommen werden (sog. Topfwirtschaft, z. B. für die Planstellen der Besoldungsgruppen A 9 bis A 11 HBesG). Bei der Dienstpostenbewertung hat die Frauenbeauftragte ein Beteiligungsrecht gemäß § 16 Abs. 1 Satz 2 Nr. 2 HGlG. Außerdem besteht ein Mitwirkungsrecht des Personalrats hinsichtlich derartiger Grundsätze nach § 81 Abs. 2 HPVG.

- Anschließend folgt – sofern eine entsprechende Planstelle vorhanden ist bzw. geschaffen wurde – regelmäßig eine **Stellenausschreibung** (vgl. § 10 Abs. 3 HBG). Dabei wird der Ausschreibung ein Anforderungsprofil zugrunde gelegt, welches zwingende Anforderungen, aber auch „wünschenswerte" Qualifikationen enthalten kann. Bei Stellenausschreibungen sind das Allgemeine Gleichbehandlungsgesetz (vgl. §§ 11, 7, 1 und 24 AGG) und das Hessische Gleichberechtigungsgesetz (vgl. § 8 Abs. 1 und 2 HGlG) zu beachten.

- Eine Besonderheit besteht für vollständig **freigestellte** Mitglieder des Personalrats: Diese dürfen nicht beurteilt werden und können deshalb nur schwer mit anderen Bewerbern verglichen werden. Deshalb erfolgt für diesen Personenkreis eine „fiktive Nachzeichnung" des beruflichen Werdegangs (Kriterium: Entwicklung vergleichbarer Beamter).

- Nach Ablauf der Bewerbungsfrist erfolgt das **Auswahlverfahren**. Ziel eines solchen Verfahrens ist es, „rechtssicher den besten Bewerber zu finden". Bei internen Bewerbern wird dabei regelmäßig auf aktuelle Beurteilungen zurückgegriffen, welche nach der bisherigen Rechtsprechung nicht älter als 12 Monate sein durften (seit 01.03.2014 regelt § 39 HLVO einen Zeitraum von höchstens drei Jahren). Das Auswahlverfahren muss sachgerecht und transparent gestaltet werden. Dabei kann zunächst eine Vorauswahl auf Grundlage des Anforderungsprofils getroffen werden. Derjenige Bewerber, der zwingende Anforderungen des Anforderungsprofils nicht erfüllt, kann bereits in diesem Verfahrensstadium aus dem weiteren Auswahlverfahren ausgeschlossen werden. Wesentliches Kriterium für die Auswahlentscheidung sind die dienstlichen Beurteilungen. Bei Qualifikationsgleichstand erfolgen ein AC-Verfahren bzw. strukturierte Auswahlgespräche mit den in die engere Auswahl gelangten Bewerbern. In diesem Zusammenhang wird auf § 9 Abs. 1 HGlG verwiesen, wonach u. U. mindestens ebenso viele Frauen wie Männer zum Vorstellungsgespräch einzuladen sind. Auch ist § 82 SGB IX zu beachten, wonach schwerbehinderte Bewerber zu einem Vorstellungsgespräch einzuladen sind, sofern die fachliche Eignung nicht „offensichtlich" fehlt.

- Sodann erfolgt die **Auswahlentscheidung.** Hier dokumentiert der Dienstherr seine wesentlichen Auswahlerwägungen in einem Auswahlvermerk. In der Praxis geschieht dies durch Beschluss der obersten Dienstbehörde (zum Begriff siehe oben Nr. 1.6 Buchst. b, z. B. Kreisausschuss), wobei in der Begründung des Beschlusses ein ausführlicher Vergleich der in die engere Auswahl gelangten Bewerber vorgenommen wird. Alle Bewerber haben dabei ein Recht auf Akteneinsicht nach § 29 HVwVfG. Die Auswahlentscheidung stellt (mangels Außenwirkung) keinen Verwaltungsakt (VA) dar. Im Übrigen gibt es keine Rechtsvorschrift, nach der die Beförderung eines **beurlaubten** Beamten ausgeschlossen wird. Bewirbt sich also z. B. ein nach § 64 HBG beurlaubter Beamter um eine Beförderungsstelle, so ist er grundsätzlich in das Auswahlverfahren einzubeziehen; anderenfalls würde der Dienstherr den Bewerbungsverfahrensanspruch des Beamten verletzen. Allerdings steht dem Dienstherrn im Rahmen seines Organisationsermessens die Möglichkeit offen, den Dienstposten „zum nächstmöglichen Zeitpunkt" zu besetzen, womit der nicht zur Verfügung stehende beurlaubte Bewerber aus dem Bewerberkreis ausscheidet. Näheres hierzu siehe Beschluss des OVG NRW vom 27.05.2014 – 6 B 467/14 –. Beachte in diesem Zusammenhang auch § 10 Abs. 3 HGlG.

- Es folgen **Mitteilungen an alle Bewerber** (Absagen sowie eine Zusage in Form der Stellenübertragung). Auch diese Mitteilungen stellen (mangels Regelung) keinen VA dar (lediglich Mitteilung einer Sachentscheidung; strittig, Auffassung des Verfassers). Gleichwohl ist ein Widerspruch gegen eine solche Absage möglich, denn gemäß § 54 Abs. 2 BeamtStG ist ein Widerspruch nicht nur vor Anfechtungs- und Verpflichtungsklagen (siehe hierzu § 68 VwGO), sondern vor allen beamtenrechtlichen Klagen (z. B. allgemeine Leistungsklage, allgemeine Feststellungsklage) möglich (einzige Ausnahme siehe § 105 HBG). Ein solcher Widerspruch hätte jedoch keine aufschiebende Wirkung. Die Zusage an den ausgewählten Bewerber stellt auch keine verwaltungsrechtliche Zusicherung im Sinne von § 38 HVwVfG dar, sodass trotz Stellenübertragung kein Anspruch auf Ernennung besteht.

- Gegen eine Absage kann ein unterlegener Bewerber **vorläufigen Rechtsschutz** nach § 123 VwGO geltend machen, indem er eine einstweilige Anordnung beim zuständigen Verwaltungsgericht beantragt, durch die dem Dienstherrn die Ernennung des ausgewählten Bewerbers vorläufig untersagt wird. Das Gericht nimmt dabei eine umfassende tatsächliche und rechtliche Überprüfung der Bewerberauswahl vor. Gegebenenfalls muss der Dienstherr das Auswahlverfahren wiederholen. Alternativ kann er das Verfahren auch jederzeit abbrechen.

- Die **Ernennung** des ausgewählten Bewerbers schließlich ist Ziel und Abschluss des Auswahlverfahrens. Mit ihr erledigen sich die durch Art. 33 Abs. 2 GG gewährleisteten Bewerbungsverfahrensansprüche aller Bewerber. Die Ernennung darf erst erfolgen, wenn feststeht, dass ein Verfahren nach § 123 VwGO nicht stattgefunden hat bzw. erfolglos blieb. Deshalb ist dem Dienstherrn dringend anzuraten, die Ernennung frühestens zwei Wochen[1] nach Mitteilung der Auswahlentscheidung vorzunehmen. In der Praxis erfolgt die Ernennung indes oftmals erst nach einer mehrmonatigen Bewährungszeit (z. B. 6 Monate). Die Ernennung ist nach neuerer Rechtsprechung ein **VA mit Drittwirkung** für alle unterlegenen Bewerber, da sie in deren Rechte eingreift. Nach dem Grundsatz der Ämterstabilität[2] kann die Ernennung nur ganz ausnahmsweise rückgängig gemacht werden (nämlich dann, wenn ein unterlegener

Bewerber vor der Ernennung keinen vorläufigen Rechtsschutz in Anspruch nehmen konnte). So hat das BVerwG mit viel beachtetem Urteil vom 04.11.2010 – 2 C 16.09 – eine wirksam vorgenommene Ernennung mit Wirkung ab Zustellung des Urteils aufgehoben und den Dienstherrn verpflichtet, das Amt auf Grund eines neuen Auswahlverfahrens erneut zu vergeben. Diese Rechtsprechung erscheint letztlich folgerichtig; anderenfalls hätte es der Dienstherr in der Hand, die Grundrechte unterlegener Bewerber durch vorzeitige Aushändigung einer Ernennungsurkunde auszuschalten.

---

1 Diese Frist ist nirgends normiert. Sie wurde vielmehr durch die Rechtsprechung entwickelt und gilt heute als allgemein anerkannt.

2 Der Grundsatz der Ämterstabilität ist eine Besonderheit des Beamtenrechts: Für ein Amt im statusrechtlichen Sinne (vgl. Nr. 1.9 Buchst. a) benötigt der Dienstherr immer eine konkrete Planstelle im Haushaltsplan. Vergibt er diese, kann er sie an keinen anderen mehr vergeben. Die Vergabe selbst ist im Regelfall auch nicht rückgängig zu machen, da die Rücknahme einer Ernennung nur unter den Voraussetzungen des § 12 BeamtStG möglich ist, zu denen eine fehlerhafte Auswahlentscheidung aber nicht gehört.

3. Ernennung

3.1 Rechtsnatur der Ernennung

Beamte stehen in einem öffentlich-rechtlichen Dienst- und Treueverhältnis, zu dessen Begründung es eines empfangsbedürftigen Hoheitsaktes bedarf: der Ernennung.

Die Ernennung erfolgt durch Aushändigung einer **Urkunde,** die bestimmten Formvorschriften unterliegt (vgl. § 8 Abs. 2 BeamtStG). Wird die Form nicht eingehalten, so liegt keine Ernennung vor (sog. „Nichternennung“, vgl. Nr. 4.1).

Die Ernennung ist nur gültig, wenn der zu Ernennende die Urkunde entgegennimmt. Ihm ist der körperliche Besitz an der Urkunde zu verschaffen. Dabei muss das Original der Urkunde übergeben werden. Regelfall ist dabei die **persönliche Aushändigung** „von Hand zu Hand“. Seitens des Dienstherrn fungiert hier zumeist der Leiter der Dienststelle als „Überbringer der guten Nachricht“. Aus Gründen der Beweissicherung empfiehlt es sich, die Aushändigung in der Personalakte zu dokumentieren (Empfangsbestätigung).

Alternativ ist auch eine Ernennung mittels Postzustellungsurkunde denkbar, allerdings muss in diesen Ausnahmefällen die Zustellung zwingend an den Adressaten erfolgen.

Auch sind **Bedingungen** und Auflagen dem Beamtenrecht fremd (Beispiel: Ein Oberinspektor wird befördert „unter der Bedingung, dass er wöchentlich drei Überstunden leistet“).

Die Ernennung ist somit ein

- rechtsbegründender,
- mitwirkungsbedürftiger,
- formgebundener und
- bedingungsfeindlicher

Verwaltungsakt (§ 35 Satz 1 HVwVfG) mit Dauerwirkung.

3.2 Ernennungsarten

Es gibt insgesamt vier Ernennungsarten (§ 8 Abs. 1 BeamtStG):

1. **Begründung** des Beamtenverhältnisses (z. B. erstmalige Einstellung)

   Beispiel: Der Bürger Lars Petzold wird zum Sekretäranwärter (BaW) ernannt.
   Eine Begründung liegt auch vor, wenn der Beamte zuvor als Tarifbeschäftigter bei demselben Dienstherrn tätig war.

Ebenfalls als Begründung gilt die Ernennung eines gemäß § 22 Abs. 4 BeamtStG, § 19 Abs. 1 Satz 3 Nr. 1 HLVO ausgeschiedenen Beamten auf Widerruf zum Beamten auf Probe. Vereinzelt wird vertreten, hierbei handele es sich um eine Umwandlung (vom BaW zum BaP). Dem ist aber nicht so, weil das Beamtenverhältnis auf Widerruf mit Ablauf des Tages des Bestehens der Laufbahnprüfung endet. Es ist also nichts mehr da, was umgewandelt werden könnte.

2. **Umwandlung** des Beamtenverhältnisses in ein solches anderer Art

   Beispiel: Sekretär Ben Ziehn (BaP) wird in das Beamtenverhältnis auf Lebenszeit (BaL) berufen.

3. Verleihung eines anderen Amtes mit **anderem Grundgehalt** (z. B. Beförderung, § 2 Abs. 5 HLVO)

   Beispiel: Sekretär (A 6) wird zum Obersekretär (A 7) ernannt.

   Zu beachten sind hier insbesondere die Fristen des § 21 HBG (sog. Beförderungsverbote).

   Unter diese Ernennungsart fällt auch eine sog. „Rückernennung“, vgl. Nr. 3.7.

   Auch bei Verleihung eines anderen Amtes mit gleicher Amtsbezeichnung und Gewährung einer Amtszulage (§ 45 Abs. 2 HBesG) bedarf es einer Ernennung nach § 8 Abs. 1 Nr. 3 BeamtStG.

4. Verleihung eines anderen Amtes mit anderer Amtsbezeichnung beim **Wechsel** der Laufbahngruppe, § 8 Abs. 1 Nr. 4 BeamtStG, § 9 Abs. 1 HBG

   Beispiel:
   Ernennung eines Amtsinspektors zum Inspektor
   (A 9, mittlerer Dienst → A 9, gehobener Dienst).

Schaubild zu Ernennungsarten:

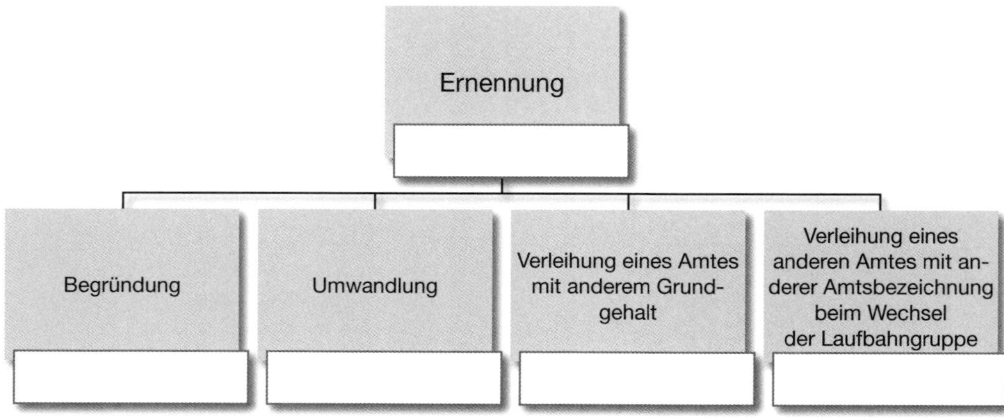

Diese vier Ernennungsarten des § 8 Abs. 1 BeamtStG sind abschließend. Alle anderen beamtenrechtlichen Maßnahmen, z. B. Gewährung einer Elternzeit, Versetzung zu einer anderen Dienststelle oder Ablehnung eines Urlaubsantrages, bedürfen somit keiner Ernennung.

Folge einer Ernennung ist – neben dem Anspruch auf Besoldung nach § 3 HBesG – u. a. die **Versicherungsfreiheit** in der gesetzlichen Krankenversicherung gemäß § 6 Abs. 1 Nr. 2 SGB V.
Dem Beamten steht es frei,

- eine private Krankenversicherung abzuschließen,
- eine freiwillige Mitgliedschaft in der gesetzlichen Krankenversicherung einzugehen (Vorteil: Kinder sind u. U. „familienversichert“, vgl. § 10 SGB V) oder
- sich gar nicht gegen Krankheit zu versichern (diese Alternative kommt wegen des damit verbundenen finanziellen Risikos in der Praxis äußerst selten vor).

Daneben hat der Beamte im Krankheitsfall Ansprüche auf Beihilfe nach den Bestimmungen der HBeihVO.

3.3 Bestandteile einer Ernennungsurkunde

Eine Ernennungsurkunde hat die folgenden Bestandteile:

1. Die ernennende **Behörde** (Dienstherr, oberste Dienstbehörde, Wappen).
2. Vor- und Nachname sowie Geburtsdatum der zu ernennenden Person.

3. Bei der Begründung des Beamtenverhältnisses die Wörter „unter Berufung in das Beamtenverhältnis …“, mit dem die Art des Beamtenverhältnisses bezeichnenden Zusatz (z. B. „… auf Widerruf“, „… auf Probe“, „… auf Lebenszeit“).

4. Bei der Umwandlung des Beamtenverhältnisses die diese Art bestimmenden Wörter (Bsp.: „Wir berufen Herrn Rudi Voller in das Beamtenverhältnis auf Lebenszeit.“).

5. Bei der Verleihung eines Amtes die **Amtsbezeichnung** (z. B. Beförderung zum Obersekretär).

6. Ort und Datum der Ausstellung der Urkunde

7. Die **Unterschrift/en** des/der dazu Berechtigten
   Im Landesbereich genügt eine Unterschrift, im Kommunalbereich bedarf es gemäß § 71 Abs. 2 HGO, § 45 Abs. 2 HKO zweier Unterschriften (z. B. Bürgermeister und Erster Beigeordneter).

Das Wappen ist zwar beamtenrechtlich nicht zwingend vorgeschrieben, aber praxisüblich. Insofern hat der Dienstherr durchaus einen gewissen Spielraum bei der optischen Gestaltung der Ernennungsurkunde.

3.4 Wirksamkeit der Ernennung

Wirksam wird die Ernennung mit dem Tage der **Aushändigung** der Urkunde **oder** dem darin bestimmten **zukünftigen** Zeitpunkt, § 9 Abs. 4 HBG.

Die Ernennung auf einen zurückliegenden Zeitpunkt ist unzulässig und **insoweit** unwirksam (§ 8 Abs. 4 BeamtStG).

Wenn also z. B. eine Ernennungsurkunde am 1. September wirksam sein soll, die Aushändigung der Urkunde aber bereits am 20. August vorgenommen wird, dann heißt es in der Ernennungsurkunde „mit Wirkung vom 1. September …“

Verwaltungsrechtlich spricht man in diesem Zusammenhang von der „äußeren Wirksamkeit“ am 20. August (der VA ist in der Welt) und von der „inneren Wirksamkeit“ am 1. September (der VA entfaltet Rechtswirkung). Für die Ablegung des Diensteides nach § 38 BeamtStG, § 47 HBG ist erforderlich, dass die innere Wirksamkeit der Ernennung bereits eingetreten ist.

Erfolgt die o. g. Aushändigung versehentlich erst am 3. September, dann ist die Ernennung dadurch nicht etwa unwirksam. Vielmehr ist sie in diesem Fall ab dem 3. September wirksam. „Insoweit unwirksam“ im Sinne von § 8 Abs. 4 BeamtStG bedeutet in diesem Fall also, dass die Ernennung für die Zeit vom 1. bis 2. September unwirksam ist; ab dem 3. September ist die Ernennung wirksam. Eine „rückwirkende Ernennung“ gibt es also nicht.

Hiervon zu unterscheiden ist die haushaltsrechtliche Möglichkeit einer rückwirkenden Einweisung in eine freie Planstelle nach §§ 49, 118 LHO, siehe hierzu Nr. 2.1.

3.5 Musterurkunden

3.5.1 Begründung

Einer Ernennung bedarf es nach § 8 Abs. 1 Nr. 1 BeamtStG zur Begründung eines Beamtenverhältnisses. Nachstehend finden Sie entsprechende Musterurkunden.

Zunächst für die **Kommunalverwaltung:**

Gemeinde Besengrund	Wappen	Der Gemeindevorstand
	Wir ernennen Herrn Per Fekt, geboren am 11. Mai 1995, mit Wirkung vom 1. Oktober 2015 zum Sekretäranwärter unter Berufung in das Beamtenverhältnis auf Widerruf. Besengrund, den 30.09.2015	
(Müller) Bürgermeister		(Meier) Erster Beigeordneter

<u>Hinweis:</u> In der Praxis finden Sie oftmals geringfügige **Abweichungen** von der o.g. Musterurkunde. So wird beispielsweise sehr häufig eine andere Reihenfolge der Textbausteine gewählt („... unter Berufung in das Beamtenverhältnis auf Widerruf mit Wirkung vom ... zum Sekretäranwärter.“).

Auch wählen einige Kommunen in der Ernennungsurkunde Formulierungen wie z.B. „Gemäß Beschluss des Magistrats der Stadt ... vom ... ernennen wir Herrn ...“
All diese Formulierungen sind natürlich rechtlich genauso korrekt wie die vom Verfasser vorgeschlagene. Entscheidend ist, dass die in § 8 Abs. 2 BeamtStG aufgeführten **gesetzlichen Mindestbestandteile** berücksichtigt werden.

Das **Land Hessen** z. B. wählt eine andere Formulierung, wie die folgende Musterurkunde zeigt:

Musterurkunde für die hessische Landesverwaltung:

> Wappen
>
> Im Namen des Landes Hessen
> ernenne ich
> Herrn Per Fekt,
> geboren am 11. Mai 1995,
>
> unter Berufung in das Beamtenverhältnis auf Widerruf
>
> mit Wirkung vom 1. Oktober 2015
>
> zum Sekretäranwärter.
>
> Darmstadt, den 30.09.2015
>
> Regierungspräsidium Darmstadt
> (Unterschrift) Regierungspräsident

Zu der o. g. Musterurkunde des Landes Hessen ist noch zu ergänzen, dass diese naturgemäß nur **einer** Unterschrift bedarf. Hintergrund hierfür ist, dass die HGO und die HKO für die Landesverwaltung keine Gültigkeit haben.

Viele Dienstherren verwenden außerdem sog. **Vertrauensbekundungen,** wie die folgende Formulierung beispielhaft zeigt:

> „Wir vollziehen diese Urkunde in der Erwartung, dass der Ernannte seine Amtspflichten weiterhin gewissenhaft erfüllt, das Vertrauen rechtfertigt, das ihm durch diese Ernennung bekundet wird, und sich jederzeit für die freiheitliche demokratische Grundordnung einsetzt."

Derartige Vertrauensbekundungen sind selbstverständlich völlig unbedenklich, ziehen jedoch keinerlei Rechtsfolgen nach sich. Insbesondere stellen sie keine „verbotene Bedingung" im Rechtssinne dar.

Tipp für Dozenten:

Lassen Sie sich von den Lehrgangsteilnehmern Ernennungsurkunden aus der behördlichen Praxis mitbringen und beauftragen Sie die Teilnehmer im Unterricht, diese Urkunden auf „Rechtmäßigkeit" zu überprüfen (Gruppenarbeit). Auf diese Weise erhalten die Teilnehmer einen Blick für die gesetzlichen Mindestbestandteile des § 8 Abs. 2 BeamtStG und erkennen die Vielfalt der Gestaltungsmöglichkeiten bei der Erstellung von Ernennungsurkunden.

3.5.2 Umwandlung

Nach § 8 Abs. 1 Nr. 2 BeamtStG bedarf es einer Ernennung zur Umwandlung des Beamtenverhältnisses in ein solches anderer Art. Auch hierzu ein Beispiel:

Gemeinde Besengrund	Wappen	Der Gemeindevorstand
	Wir berufen Herrn Sekretär Sven Falke, geboren am 22. Juni 1990, mit Wirkung vom 1. Oktober 2015 in das Beamtenverhältnis auf Lebenszeit. Besengrund, den 30.09.2015	
(Müller) Bürgermeister		(Meier) Erster Beigeordneter

3.5.3 Verleihung eines anderen Amtes mit anderem Grundgehalt

Häufigster Fall dieser Ernennungsart (§ 8 Abs. 1 Nr. 3 BeamtStG) ist die Beförderung:

Gemeinde Besengrund	Wappen	Der Gemeindevorstand
	Wir ernennen Herrn Sekretär Sven Falke, geboren am 22. Juni 1990, mit Wirkung vom 1. Oktober 2016 zum Obersekretär. Besengrund, den 30.09.2016	
(Müller) Bürgermeister		(Meier) Erster Beigeordneter

3.5.4 Wechsel der Laufbahngruppe

Die vierte in § 8 Abs. 1 BeamtStG genannte Ernennungsart wird in Hessen durch § 9 Abs. 1 HBG konkretisiert: der Wechsel der Laufbahngruppe (zum Thema Aufstiegsbeamte siehe ausführlich Nr. 5.9). Auch hierzu eine beispielhafte Ernennungsurkunde für den Aufstieg vom mittleren in den gehobenen Dienst:

Gemeinde Besengrund	Wappen	Der Gemeindevorstand
	Wir ernennen Herrn Amtsinspektor Sven Falke, geboren am 22. Juni 1990, mit Wirkung vom 1. Oktober 2018 zum Inspektor. Besengrund, den 30.09.2018	
(Müller) Bürgermeister		(Meier) Erster Beigeordneter

Möchten Sie Ihre Kenntnisse in der Erstellung von Ernennungsurkunden anwenden?

Dann versuchen Sie sich doch mal an der Bearbeitung des Falles 2 im Übungsteil. Weitere Ernennungsurkunden finden Sie im Fall 4 des Übungsteils.

Viel Erfolg!

3.6 Rechtsanspruch auf Ernennung

Grundsatz: Es besteht <u>kein</u> Anspruch auf Ernennung!

Der Bewerber um eine Beamtenstelle hat – wie unter Nr. 2.3 beschrieben – lediglich einen sog. „Bewerbungsverfahrensanspruch", d. h. einen Anspruch auf ein formell ordnungsgemäßes Auswahlverfahren. Dabei dürfen „allgemeine Bewertungsmaßstäbe" nicht verletzt werden. Auch im weiteren Verlauf der Beamtenkarriere besteht kein Anspruch auf Ernennung, selbst wenn die laufbahnrechtlichen, stellenplantechnischen und sonstigen Voraussetzungen für eine Ernennung (z. B. Beförderung) vorliegen. Dies ist einer der vielen Unterschiede zum Arbeits- und Tarifrecht, wo man von der sog. Tarifautomatik spricht (vgl. § 22 Abs. 2 BAT: „Der Angestellte <u>ist</u> eingruppiert.").

Von dieser Regel gibt es zwei Ausnahmen:

a) **Übernahme in ein Beamtenverhältnis auf Lebenszeit**
Gemäß § 10 BeamtStG ist die Übernahme eines Beamten auf Probe in ein Beamtenverhältnis auf Lebenszeit nur zulässig, wenn sich der Beamte in einer Probezeit von höchstens 5 Jahren bewährt hat. In Hessen beträgt die Probezeit gemäß § 9 Abs. 2 HLVO grundsätzlich 3 Jahre.
§ 20 Abs. 2 HBG verlangt dabei eine „Bewährung in vollem Umfang". In Zweifelsfällen kann die Probezeit um höchstens 2 Jahre verlängert werden, § 9 Abs. 5 HLVO. Nach § 20 Abs. 3 HBG muss ein Beamter auf Probe spätestens nach 5 Jahren (3 Jahre + 2 Jahre Verlängerung) zum Beamten auf Lebenszeit ernannt werden, wenn er die beamtenrechtlichen Voraussetzungen erfüllt. Damit wird – bei Erfüllung der Voraussetzungen (insbesondere Bewährung in der Probezeit) – ein Rechtsanspruch auf Übernahme in das Beamtenverhältnis auf Lebenszeit nach fünfjähriger Dienstzeit im Beamtenverhältnis auf Probe begründet.[1]

Dies hat zur Folge, dass der Dienstherr innerhalb dieser 5 Jahre abschließend entscheiden muss, ob sich der Beamte in der Probezeit bewährt hat oder nicht. Bestehen nach Ablauf der 5 Jahre keine berechtigten Zweifel an der Tauglichkeit des Beamten, so darf die Bewährung nicht länger infrage gestellt werden. Hat sich der Beamte in der Probezeit nicht bewährt, so kann er entlassen werden, vgl. § 23 Abs. 3 Nr. 2 BeamtStG (Näheres hierzu siehe Nr. 10.2.2.2.)
Trifft der Dienstherr **keine Entscheidung,** so steht dies gemäß Entscheidung des BVerwG vom 25.02.1993 – 2 C 27.90 – einer positiven Feststellung der Bewährung gleich und der Beamte auf Probe besitzt einen einklagbaren Rechtsanspruch auf Umwandlung in ein Beamtenverhältnis auf Lebenszeit.

b) **Zusicherung**
Auch eine (in der Praxis allerdings selten vorkommende) Zusicherung im Sinne von § 38 HVwVfG kann einen Anspruch auf Ernennung begründen.

Dabei muss die Zusicherung zwingend

- von der **obersten Dienstbehörde** erteilt worden sein (zuständige Behörde i. S. v. § 38 HVwVfG) und

- **schriftlich** erfolgt sein, vgl. hierzu § 37 Abs. 3 HVwVfG.

[1] (Hinweis: beachte Fristverlängerung bei Elternzeit und Beurlaubung, § 20 Abs. 3 Satz 2 HBG)

3.7 Rückernennung

Manchmal stellt sich einem Beamten die Frage, ob er nicht doch lieber ein geringer bewertetes Amt wahrnehmen sollte. Es kann z. B. sein, dass der Beamte sich gewissen Belastungen einer Führungsposition nicht mehr aussetzen kann oder möchte.

In der Praxis kommt es gar nicht mal so selten vor, dass z. B. ein Amtmann, der täglich von Nordhessen nach Südhessen pendelt, lieber als Oberinspektor bei seiner Wohnortgemeinde arbeiten möchte. Unter Berücksichtigung der eingesparten Fahrtkosten und der erhöhten Lebensqualität kann dies im Einzelfall sinnvoll sein. In diesen Fällen spricht man von einer Rückernennung. Eine solche ist nur auf ausdrücklichen Antrag des Beamten zulässig. Im Unterschied zu einer Beförderung ist die Rückernennung nicht mit einem höheren, sondern mit einem niedrigeren Grundgehalt verbunden.

Beantragt ein Beamter hingegen nur die Übertragung unterwertiger Aufgaben (unterwertiges Amt im abstrakt-funktionellen Sinn, vgl. Nr. 1.9 Buchst. b), weil er sich den Anforderungen seines Amtes nicht mehr gewachsen fühlt, so liegt hierin nicht ohne weiteres zugleich die stillschweigende Einwilligung in eine entsprechende Statusänderung, die gemäß § 8 Abs. 1 Nr. 3 BeamtStG einer Ernennung bedürfte (Verleihung eines anderen Amtes mit anderem Grundgehalt).

Beispiel:
Eine Führungskraft (Amtmann) möchte in die Sachbearbeitung wechseln und einen nach A 10 HBesG bewerteten Dienstposten wahrnehmen. Auf sein Gehalt nach A 11 HBesG möchte er aber nicht verzichten.

Der Dienstherr verhält sich in solch einem Fall nach Auffassung des Verfassers nicht ermessensfehlerhaft, wenn er den Antrag ablehnt, weil der Beamte nicht zugleich einer Rückernennung zustimmt.

Abzugrenzen ist die Rückernennung indes von der Zurückstufung nach § 12 HDG (vgl. Nr. 9.3 Buchst. c).

4. Die fehlerhafte Ernennung und ihre Rechtsfolgen

Schaubild:

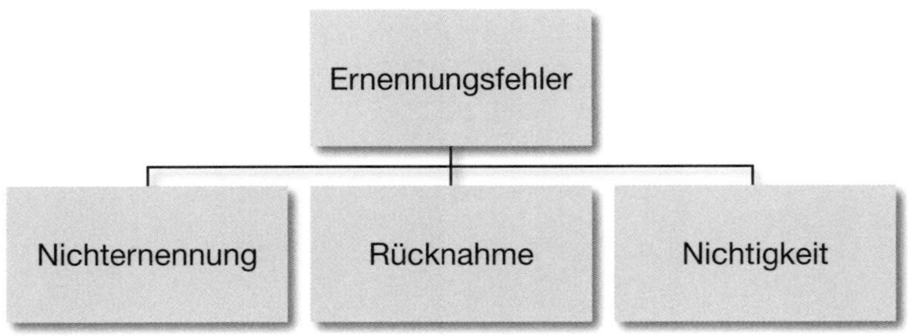

Wie in Kapitel 3 dargestellt, bedarf es im Beamtenrecht in bestimmten Fällen einer Ernennung. Aber wo Menschen arbeiten, dort werden bekanntlich auch Fehler gemacht. Im Folgenden wollen wir untersuchen, welche Fehlerarten unterschieden werden und welche Folgen sich aus fehlerhaften Ernennungen ergeben. Dabei unterscheidet man Nichternennung, Rücknahme und Nichtigkeit.

4.1 Nichternennung

Eine Nichternennung führt zu keinen Rechtswirkungen. Da in einem solchen Fall ein VA verwaltungsrechtlich gar nicht existiert, kann er auch nicht rechtswidrig sein und kann daher auch nicht durch Widerspruch oder behördliche Aufhebung zurückgenommen werden.

Beispiele:

- **keine Dienstherrnfähigkeit**
- Die Urkundenform wird nicht gewahrt.
- Der Dienstherr ist aus der Urkunde nicht erkennbar.
- Empfangsadressat stimmt nicht mit dem Urkundsadressaten überein.
- Urkunde wird mit einer **Bedingung** oder Auflage verknüpft (die Ernennungsurkunde ist „bedingungsfeindlich“. Erfolgt eine Nebenbestimmung im Begleitschreiben, z. B. dass der Dienstherr die Leistung von Überstunden erwartet, so ist die Ernennung wirksam, die Nebenbestimmung dagegen nichtig nach § 44 Abs. 1 HVwVfG).

- Dagegen ist die in der Praxis häufig vorkommende Formulierung: „Wir vollziehen diese Urkunde in der Erwartung, dass …“ (sog. Vertrauensbekundung) rechtlich bedenkenlos, denn sie stellt keine Bedingung dar.

- Die Urkunde ist **nicht unterzeichnet.**

- Ernennung zum **„Hauptinspektor“** (ein Amt, welches im Hessischen Besoldungsgesetz nicht vorkommt).

- Bloßes Niederlegen einer Urkunde vor dem Bewerber (erforderlich ist die Aushändigung der Originalurkunde „von Hand zu Hand“).

4.2 Rücknahme

§ 12 BeamtStG ist eine Spezialnorm zur Rücknahme fehlerhafter Ernennungsurkunden. Er geht deshalb dem § 48 HVwVfG vor.

Zu beachten ist, dass nur die in § 12 BeamtStG abschließend genannten Fallsituationen zu einer Rücknahme der Ernennung führen.

Zweck der Rücknahme ist, den Dienstherrn vor persönlich ungeeigneten Beamten zu schützen.

Schaubild:

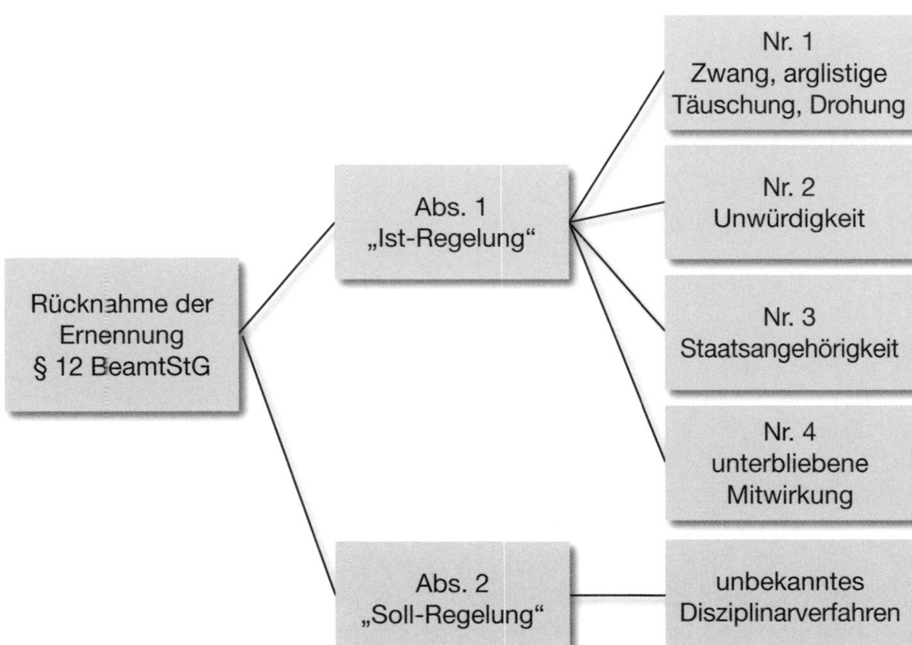

Beispiel:
Der Bewerber B. Trug fälscht sich ein Abiturzeugnis. Er wird zum Inspektoranwärter ernannt. Zwei Wochen später erfährt der Dienstherr von der Fälschung.

➔ In diesem Fall muss die Ernennung zwingend zurückgenommen werden, § 12 Abs. 1 Nr. 1 BeamtStG.

§ 12 Abs. 1 Nr. 2 (Unwürdigkeit) regelt die Fälle, in denen die Tat vor der Ernennung begangen wurde. Anderenfalls wäre § 24 BeamtStG einschlägig (Verlust der Beamtenrechte, siehe Nr. 10.3).

In **anderen Fällen** fehlerhafter Ernennungen, z. B. bei einer Ernennung ohne Beteiligung der Frauenbeauftragten oder des Personalrates, kommt eine Rücknahme nicht in Betracht. Eine solche Ernennung wäre zwar rechtswidrig, aber voll wirksam.

Ist die erstmalige Ernennung (bestandskräftig) zurückgenommen worden, dann liegt kein Beamtenverhältnis zu diesem Dienstherrn vor. In diesem Fall hat der Dienstvorgesetzte jede weitere **Führung der Dienstgeschäfte** zu verbieten, § 12 Abs. 1 Satz 1 HBG.

§ 12 Abs. 2 HBG regelt das **weitere Verfahren,** z. B. eine sechsmonatige Rücknahmefrist.

Zur Vertiefung der Problematik fehlerhafter Ernennungen siehe Fall 3 im Übungsteil.

4.3 Nichtigkeit

§ 11 BeamtStG ist eine Spezialnorm zur Nichtigkeit von Ernennungen. Diese geht dem § 44 HVwVfG vor.

Wichtig ist, dass nur die in § 11 BeamtStG abschließend genannten Fallsituationen zu einer Nichtigkeit der Ernennung führen.

Schaubild:

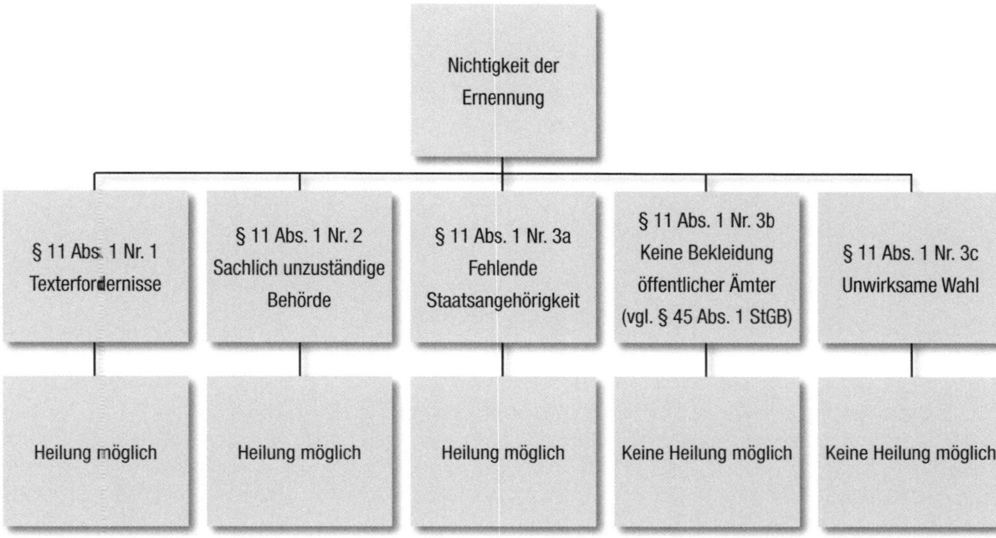

Beispiel:

Der Sekretäranwärter Otto Klug soll mit Wirkung vom 01.09.2015 zum Sekretär unter Berufung in das Beamtenverhältnis auf Probe ernannt werden. Der Auszubildende R. Fahrung, welcher in der Urlaubszeit allein in der Personalabteilung sitzt, findet die Formulare für Ernennungsurkunden nicht und greift deshalb zur Schreibmaschine. Er fertigt folgende Urkunde, die am 01.09.2015 ausgehändigt werden soll:

Stadt Schlaudorf — Wappen — Der Magistrat

Wir ernennen
Herrn
Otto Klug,
geboren am 15.11.1997,

zum Sekretär.

Schlaudorf, den ...

(Schlau) Bürgermeister — (Clever) Erster Stadtrat

Herr Klug nimmt die unterschriebene Ernennungsurkunde entgegen.
Ist diese wirksam?

➔ Es fehlen die Wörter „unter Berufung in das Beamtenverhältnis auf Probe". Dies stellt einen Verstoß gegen § 8 Abs. 2 Nr. 1 BeamtStG dar. Die Urkunde ist deshalb nichtig gemäß § 11 Abs. 1 Nr. 1 BeamtStG. Jedoch besteht eine Heilungsmöglichkeit, vgl. § 11 Abs. 2 Nr. 1 BeamtStG. Im Falle der Heilung ist die Ernennung als von Anfang an wirksam anzusehen.

Wichtig: §§ 11, 12 BeamtStG sind **abschießend.**

Jeder Ernennungsfehler, der nicht hierunter fällt, führt zur vollen **Wirksamkeit** der Ernennung! (Ausnahme: Nichternennung, siehe Nr. 4.1)

Beispiel:
Eine Beamtin auf Probe ohne Anrechnungszeiten wird irrtümlich vor Ablauf der dreijährigen Probezeit in das Beamtenverhältnis auf Lebenszeit berufen. Noch am selben Abend erkennt sie diesen Fehler, hält die Ernennungsurkunde wegen Verstoßes gegen Laufbahnrecht für nichtig (also unwirksam) und zerreißt sie.

Wie ist die Rechtslage?

➔ Weil §§ 11, 12 BeamtStG abschließend sind, ist die Ernennung (zwar rechtswidrig, aber) voll wirksam. Auch das anschließende Zerreißen hat keine Auswirkung auf die Wirksamkeit der Ernennung.

Kommen Sie zu dem Ergebnis, dass eine Ernennung nichtig oder zurückzunehmen ist, dann beachten Sie bitte die ergänzenden Verfahrensvorschriften des § 12 HBG (u. a. Verbot der Führung der Dienstgeschäfte).

5. Laufbahnrecht

Fallsituation:
Herr Bernd Best ist seit dem 01.01.2015 als Obersekretär bei einer südhessischen Gemeinde tätig. In den Augen seines Dienstvorgesetzten (Bürgermeister, vgl. Nr. 1.6 Buchst. c) erbringt Herr Best durchgehend „sehr gute Leistungen“. Wann kann der Beamte frühestens zum Amtsinspektor befördert werden?

➔ Während im Arbeitsrecht grundsätzlich alles erlaubt ist, was nicht verboten ist (vgl. § 105 Satz 1 GewO), ist das Beamtenrecht deutlich strenger geregelt. Hier sind nur Maßnahmen möglich, die mit den geltenden Rechtsvorschriften übereinstimmen. Damit an dieser Stelle kein „Wildwuchs“ entsteht und Beamte z. B. nach Kassenlage bezahlt werden, wurden Laufbahnen geschaffen, in denen sich die Beamten entwickeln können. Jeder Beamte kann sich also wie auf einer Leiter schrittweise von unten (Eingangsamt) nach oben (Spitzenamt) hocharbeiten. Wenn Sie das Kapitel 5 durchgearbeitet haben, wissen Sie, ob und unter welchen Voraussetzungen in der o. g. Fallsituation eine Beförderung zum Amtsinspektor möglich ist. (Lösung: S. 72)

5.1 Neues Laufbahnrecht in Hessen

Seit dem 01.03.2014 gilt in Hessen ein neues „Laufbahnrecht“. Das Laufbahnrecht ist das „Kernstück“ des Beamtenrechts, in dem u. a. festgelegt wird, welche Ämter in welcher Reihenfolge zu durchlaufen sind.

Im Laufbahnrecht gehen die einzelnen Bundesländer und der Bund immer weiter auseinander. Zum Beispiel gilt in Bayern eine sog. „Einheitslaufbahn“, die norddeutschen Küstenländer haben eine zweigeteilte Laufbahn eingeführt, während der Bund seine Beamten weiterhin in vier Laufbahnen arbeiten lässt. In Zukunft wird es deshalb zunehmend komplizierter, wenn ein Beamter einen länderübergreifenden Dienstherrnwechsel (z. B. von Niedersachsen nach Hessen oder umgekehrt) vornehmen möchte.

Die hessischen Beamtenlaufbahnen sind in § 13 HBG geregelt:

§ 13 Abs. 1 HBG definiert den Laufbahn**begriff:** Danach umfasst eine Laufbahn alle Ämter derselben Fachrichtung und derselben Laufbahngruppe, die eine verwandte und gleichwertige Vorbildung und Ausbildung voraussetzen. Ebenfalls zur Laufbahn gehört der Vorbereitungsdienst.

§ 13 Abs. 2 HBG beinhaltet die 11 **Fachrichtungen** in Hessen (z. B. Nr. 1: allgemeine Verwaltung, Nr. 2: Polizei usw.).

§ 13 Abs. 3 HBG bestimmt die 3 Laufbahn**gruppen** des mittleren, gehobenen und höheren Dienstes.

Aus der Zusammenschau aus Laufbahngruppe und Fachrichtung ergeben sich die einzelnen Laufbahnen, z. B.

- mittlerer allgemeiner Verwaltungsdienst,
- gehobener Polizeivollzugsdienst usw.

Weil nicht in allen elf Fachrichtungen alle drei Laufbahnen zur Verfügung stehen, unterscheidet man derzeit 29 Laufbahnen in Hessen.

Beispiel:
In der Fachrichtung Polizei bestehen nur die Laufbahnen des gehobenen und des höheren Dienstes.

Jede Laufbahn ist in **Ämter** unterteilt.

Laufbahn	Ämter
Mittlerer allgemeiner Verwaltungsdienst	Sekretär Obersekretär Hauptsekretär Amtsinspektor
Gehobener allgemeiner Verwaltungsdienst	Inspektor Oberinspektor Amtmann Amtsrat Oberamtsrat
Höherer allgemeiner Verwaltungsdienst	Rat Oberrat Direktor Leitender Direktor

Näheres hierzu siehe Besoldungsordnung A (in der Anlage zum Hessischen Besoldungsgesetz). So lautet das Eingangsamt des gehobenen Dienstes in der Fachrichtung Polizei z. B. „Polizeikommissar“.

Die **Zulassungsvoraussetzungen** für die einzelnen Laufbahnen regelt § 15 HBG. Dabei wird zwischen **Bildungs**voraussetzungen (geforderter Bildungsabschluss) und **sonstigen** Voraussetzungen unterschieden.

So wird z. B. für die Laufbahnen des mittleren Dienstes regelmäßig als Bildungsvoraussetzung der Abschluss der Realschule gefordert. Zusätzliche Voraussetzung ist die Ableistung des Vorbereitungsdienstes samt erfolgreicher Laufbahnprüfung.

Bevor wir in die hessischen Feinheiten einsteigen, müssen wir zunächst wichtige Grundbegriffe des Laufbahnrechts definieren:

5.2 Grundbegriffe des Laufbahnrechts

Nachfolgend sind die wichtigsten Grundbegriffe des Laufbahnrechts aufgeführt. Daneben befinden sich die Rechtsgrundlagen. In den Nrn. 5.3 ff. werden die einzelnen Begriffe näher erläutert.

- Vorbereitungsdienst: § 17 HBG, § 8 Abs. 1 HLVO, §§ 13–20 HLVO, § 4 APOgD AV, § 4 APOmD
- Laufbahnprüfung: § 22 Abs. 4 BeamtStG, § 8 Abs. 1 HLVO, § 19 HLVO
- Eingangsamt: § 20 Abs. 1 Satz 1 HBG, § 13 Abs. 3 Satz 2 HBG, § 25 Abs. 1 HBesG: mD A 6 (Sekretär), gD A 9 (Inspektor), hD A 13 (Rat)
- Probezeit: § 10 BeamtStG, § 20 Abs. 2 HBG, § 9 HLVO
- Beförderung: § 2 Abs. 5 HLVO. Hierzu bedarf es einer Ernennung, § 8 Abs. 1 Nr. 3 BeamtStG. Beachte die Beförderungsverbote des § 21 HBG
- Anderer Bewerber: § 7 Abs. 1 Nr. 3 BeamtStG, § 8 Abs. 2 HBG, § 19 Satz 4 HBG, § 35 HLVO
- Aufstieg: § 21 Abs. 3 HBG, §§ 36–38 (vertikal, z. B. mD – gD)
- Laufbahnwechsel: § 22 HBG (horizontal, z. B. von Steuerverwaltung zur allgemeinen Verwaltung)

5.3 Der Vorbereitungsdienst

© U. Weinreich/PIXELIO

Zu Beginn seiner Karriere leistet der Laufbahnbewerber als Beamter auf **Widerruf** (BaW, § 4 Abs. 4 Buchst. a BeamtStG) seinen Vorbereitungsdienst ab. Dieser ist vergleichbar mit der Berufsausbildung eines Arbeitnehmers.

Hierzu bedarf es einer **Ernennung**, § 8 Abs. 1 Nr. 1 BeamtStG. Beispielhafte Formulierung: „Wir ernennen Herrn ... geb. am ... zum Sekretäranwärter unter Berufung in das Beamtenverhältnis auf Widerruf."

Der Vorbereitungsdienst in Hessen ist dem Grunde nach in § 17 Abs. 1 HBG geregelt.

Näheres hierzu regeln die §§ 13 bis 20 HLVO (z. B. Dauer, Verlängerung und Laufbahnprüfung).

§ 14 Abs. 2 HBG regelt, dass eine in einem anderen Bundesland erlangte Laufbahnbefähigung in der Regel in Hessen anerkannt wird.

§ 18 Abs. 1 HLVO beinhaltet für die Einstellung in den Vorbereitungsdienst ein spezielles **Höchstalter** von 40 Jahren (Ausnahmen siehe Abs. 2).

Gemäß § 13 Abs. 2 HLVO führt der Beamte während des Vorbereitungsdienstes die Dienstbezeichnung

- Sekretäranwärter (mittlerer Dienst),
- Inspektoranwärter (gehobener Dienst) oder
- Referendar (höherer Dienst).

Während des Vorbereitungsdienstes erhalten die Beamten auf Widerruf **„Anwärterbezüge"** nach Maßgabe der §§ 58 bis 63 HBesG.

Die **Dauer** des Vorbereitungsdienstes ist abhängig von der Laufbahngruppe: Im mittleren Dienst z. B. dauert der Vorbereitungsdienst mindestens 1 Jahr, § 14 HLVO; jedoch gilt abweichend hiervon in der Fachrichtung „Allgemeine Verwaltung“ eine Dauer von 2 Jahren, § 5 Satz 1 APOmD. Während dieser Zeit nehmen die Anwärter am Ausbildungslehrgang bei einem Verwaltungsseminar des HVSV teil.

Im gehobenen Dienst dauert der Vorbereitungsdienst 3 Jahre, § 15 HLVO.

§ 17 HLVO regelt die **Verlängerung** des Vorbereitungsdienstes z. B. im Falle einer Erkrankung oder einer Elternzeit. Zuständig hierfür ist die für die Ernennung zuständige Behörde; dies ist beim Land Hessen gemäß § 9 Abs. 2 HBG – je nach Organisationsstruktur – z. B. das Regierungspräsidium Kassel. Bei Gemeinden entscheidet gemäß § 9 Abs. 3 HBG i. V. m. § 3 Abs. 8 HBG der Gemeindevorstand, § 66 Abs. 1 HGO.

Eine Verkürzungsmöglichkeit des Vorbereitungsdienstes im eigentlichen Sinn besteht nicht, jedoch regelt § 13 Abs. 3 HLVO die Möglichkeit einer **Anrechnung** „förderlicher Tätigkeiten“ (Satz 1) sowie bestimmter Beschäftigungszeiten im öffentlichen Dienst (Satz 2). Über die Anrechnung entscheidet die oberste Dienstbehörde, vgl. § 3 Abs. 1 HBG.

Am Ende des Vorbereitungsdienstes legt der Beamte auf Widerruf eine **Laufbahnprüfung** ab.

Nach § 19 Abs. 1 Satz 3 HLVO **endet** der Vorbereitungsdienst (automatisch) mit Ablauf des Tages, an dem

- das Bestehen oder
- das endgültige Nichtbestehen

der Laufbahnprüfung bekannt gegeben wird.

Dies ist eine wesentliche Änderung im Vergleich zum bis 28.02.2014 geltenden hessischen Laufbahnrecht (nach der alten Rechtslage führte eine bestandene Laufbahnprüfung nicht zur Beendigung des Vorbereitungsdienstes).

Nach § 23 Abs. 4 BeamtStG können Beamte auf Widerruf im Vorbereitungsdienst „jederzeit entlassen werden“. Die Rechtsprechung des BVerwG fordert jedoch für Entlassungen vor Ablegung der Laufbahnprüfung einen „sachlichen Grund“, z. B. mangelnde Verfassungstreue, charakterliche Nichteignung oder völlig unzureichende Leistungen. „Berechtigte Zweifel“ allein reichen dagegen nicht aus.

Hier gelten gemäß § 29 Abs. 5 HBG die Entlassungsfristen des § 29 Abs. 3 und 4 HBG entsprechend.

5.4 Die Ämter der Besoldungsordnung A

	mittlerer Dienst	gehobener Dienst	höherer Dienst
A 16			Ltd. Direktor
A 15			Direktor
A 14			Oberrat
A 13		Oberamtsrat	Rat
A 12		Amtsrat	
A 11		Amtmann	
A 10		Oberinspektor	
A 9	Amtsinspektor	Inspektor	
A 8	Hauptsekretär		
A 7	Obersekretär		
A 6	Sekretär		

5.5 Die beamtenrechtliche Probezeit

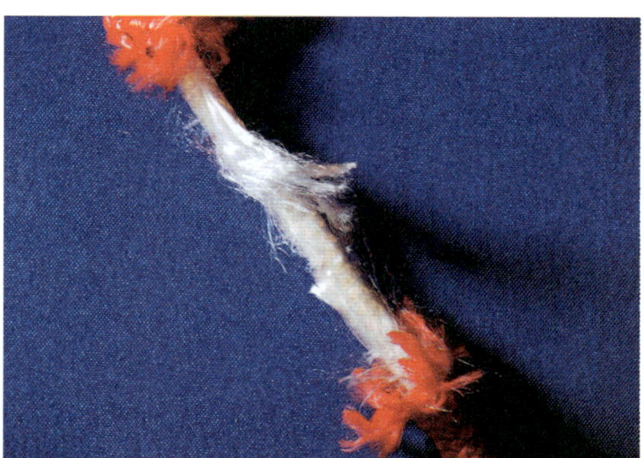

© Lupo/PIXELIO

Eine besondere Bedeutung in zahlreichen Klausurfällen, aber auch in der Praxis kommt der beamtenrechtlichen Probezeit zu. Nachstehend erhalten Sie deshalb wichtige Hinweise hierzu.

5.5.1 Laufbahnrechtliche Regelungen

Nach § 19 Abs. 1 Satz 3 Nr. 1 HLVO endet der Vorbereitungsdienst bekanntlich mit Ablauf des Tages, an dem das Bestehen der Laufbahnprüfung bekannt gegeben wird.
Danach besteht die Möglichkeit (kein Rechtsanspruch!), ein Beamtenverhältnis **auf Probe** bei demselben oder einem anderen Dienstherrn zu begründen. Hierzu bedarf es einer **Ernennung,** § 8 Abs. 1 Nr. 1 BeamtStG.
Es erfolgt eine Einstellung im **Eingangsamt,** § 20 Abs. 1 Satz 1 HBG i. V. m. § 25 Abs. 1 HBesG.

Beispiel:
„Wir ernennen Herrn …, geb. am … zum Sekretär unter Berufung in das Beamtenverhältnis auf Probe."

Nähere Informationen zur Ernennung siehe Kapitel 3.

Mit der Begründung eines Beamtenverhältnisses auf Probe wird erstmals ein **Amt** verliehen, § 8 Abs. 3 BeamtStG. Der Beamte befindet sich ab Wirksamwerden der Ernennung in der **Probezeit.** Deren Ziel ist es, festzustellen, ob der Beamte auf Probe die Voraussetzungen für die Übernahme in das Beamtenverhältnis auf **Lebenszeit** erfüllt.

Geregelt ist die Probezeit in § 10 BeamtStG, § 20 Abs. 2 HBG und § 9 HLVO.

Nach § 10 BeamtStG dauert die Probezeit bundesweit höchstens 5 Jahre. Näheres regelt das jeweilige Landesrecht.

Das HBG enthält keine Aussage zur Dauer der Probezeit, verlangt aber in seinem § 20 Abs. 2 eine Probezeitbewährung „in vollem Umfang". Zu berücksichtigen sind hierbei die (auch körperliche) Eignung, Befähigung und fachliche Eignung, vgl. § 2 Abs. 2 bis 4 HLVO.

Gemäß § 9 Abs. 1 HLVO gilt für die Feststellung der Bewährung ein „strenger Maßstab". Dabei ist der Beamte während der Probezeit nach Möglichkeit auf **mehreren Dienstposten** einzusetzen (z. B. in der Stadtkasse und im Ordnungsamt). Als Grundlage für die Bewährungsentscheidung ist nach 18 Monaten ein **Zwischenbericht** über Eignung, Befähigung und fachliche Leistung des Beamten zu erstellen. Hierdurch soll dem Beamten ggf. Gelegenheit gegeben werden, etwaige Mängel rechtzeitig abzustellen.
Vor Ablauf der Probezeit ist in einem **Abschlussbericht** festzustellen, ob der Beamte sich in vollem Umfang bewährt hat (dann Verbeamtung auf Lebenszeit, siehe Nr. 5.5.2.1) oder nicht (dann Entlassung, siehe Nr. 10.2.2.2).

Die regelmäßige Probezeit dauert in Hessen **3 Jahre,** § 9 Abs. 2 Satz 1 HLVO. Die **Mindestprobezeit** dauert 1 Jahr. Doch Vorsicht: Die Mindestprobezeit kommt nur dann zur Anwendung, wenn die folgenden Voraussetzungen erfüllt sind:

Gemäß § 9 Abs. 4 Satz 1 HLVO können Zeiten hauptberuflicher Tätigkeiten innerhalb (z. B. als Verwaltungsfachangestellter) oder außerhalb des öffentlichen Dienstes auf die Probezeit **angerechnet** werden, allerdings nur bis zur einjährigen Mindestprobezeit. Voraussetzung ist, dass die frühere Tätigkeit nach Art (z. B. Fachrichtung Allgemeine Verwaltung) und Schwierigkeit (z. B. entspricht die Entgeltgruppe 9 TVöD/TV-H dem Einstiegsamt des gehobenen Dienstes, vgl. Anlage 3 zum TVÜ-VKA i. V. m. § 11 BAT) mindestens der Tätigkeit in einem Amt der betreffenden Laufbahn entsprochen hat. Dabei können natürlich Zeiten, die bereits zu einer Verkürzung des Vorbereitungsdienstes geführt haben (vgl. § 13 Abs. 3 HLVO), nicht erneut herangezogen werden.

Liegen keine gleichwertigen Zeiten vor, so muss zwingend die dreijährige Probezeit abgeleistet werden. Eine Verkürzung auf z. B. nur 1 Jahr scheidet dann definitiv aus.

Nach § 9 Abs. 4 Satz 3 HLVO kann sogar die einjährige Mindestprobezeit unterschritten werden, wenn die anrechenbaren Zeiten in einer Behörde desselben Geschäftsbereichs[1] abgeleistet worden sind. Die Entscheidung trifft die oberste Dienstbehörde.

---

[1] Kommune: bei demselben Dienstherrn, vgl. nachfolgendes Beispiel.
Land: maßgebend ist das jeweilige Ressort, also z. B. der Geschäftsbereich des Hessischen Kultusministeriums.

Beispiel:
Ein Laufbahnbeamter der Stadt Kassel hat vor seiner Ernennung vier Jahre als Verwaltungsfachangestellter (EG 9 TVöD) bei der Stadt Kassel gearbeitet.

➔ Eine Anrechnung von drei Jahren auf die dreijährige Probezeit ist möglich. Im Falle einer solchen Anrechnung ist ausnahmsweise die gesamte Probezeit als erfüllt anzusehen. Der Beschäftigte kann somit unmittelbar in ein Beamtenverhältnis auf Lebenszeit berufen werden. Der Begriff „Mindestprobezeit" ist insoweit unpassend.

Schaubild zur Dauer der Probezeit:

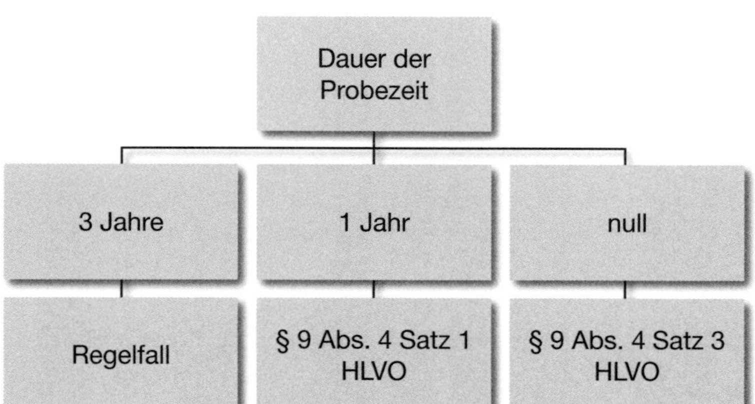

Andererseits beinhaltet § 9 Abs. 5 HLVO die Möglichkeit einer **Verlängerung** der Probezeit um höchstens 2 Jahre (dies ist ein belastender VA!) auf maximal 5 Jahre. Diese Regelung korrespondiert mit § 20 Abs. 3 HBG, wonach ein Beamter auf Probe nach spätestens 5 Jahren zum Beamten auf Lebenszeit ernannt werden muss (wenn er die beamtenrechtlichen Voraussetzungen erfüllt, sich also vor allem in der Probezeit voll bewährt hat).

Nach ständiger Rechtsprechung der Verwaltungsgerichte führen weder eine kurzzeitige Erkrankung noch mutterschutzrechtliche Beschäftigungsverbote zu einer Verlängerung der Probezeit. Nach Auffassung des Verfassers führt dagegen eine Elternzeit zu einer entsprechenden Verlängerung der Probezeit.

Gemäß § 9 Abs. 3 HLVO wird die Probezeit außerdem im Falle eines Sonderurlaubs regelmäßig unterbrochen. Dies stellt zwar keine Verlängerung im Wortsinne dar, bedeutet aber im Ergebnis dasselbe.

In der Praxis kommt eine Verlängerung der Probezeit insbesondere bei **Leistungsmängeln** infrage. Im Rahmen des Grundsatzes der Verhältnismäßigkeit stellt die Verlängerung der Probezeit regelmäßig eine für den Beamten weniger einschneidende Maßnahme dar als die Entlassung nach § 23 Abs. 3 Satz 1 Nr. 2 BeamtStG.

Zeigen sich jedoch während der Probezeit schon derart gravierende Mängel, dass sie dem Dienstherrn bis zum Ablauf der Probezeit nicht behebbar erscheinen, so wird die Probezeit durch (vorzeitige) Entlassung des Beamten zu beenden sein. Mehr Informationen zu einer solchen Entlassung finden Sie unter Nr. 10.2.2.2.

5.5.2 Auswirkungen der Probezeit

Die Probezeit hat Auswirkungen auf die folgenden Maßnahmen:

5.5.2.1 Verbeamtung auf Lebenszeit

Im Regelfall dauert die Probezeit also 3 Jahre. Damit erfüllt ein Beamter auf Probe regelmäßig nach 3 Jahren die Voraussetzungen zur Verbeamtung auf Lebenszeit. Das im früheren Recht maßgebende Mindestalter von 27 Jahren spielt heute überhaupt keine Rolle mehr. Einschließlich des Vorbereitungsdienstes kann man also im mittleren Dienst ca. 5 Jahre nach der ersten Ernennung in das Beamtenverhältnis auf Lebenszeit berufen werden (2 Jahre Vorbereitungsdienst, 3 Jahre Probezeit).

Eine entsprechende Musterurkunde finden Sie unter Nr. 3.5.2.

In den Fällen der Anrechnung gleichwertiger Zeiten (siehe oben) kann dies auch früher geschehen. Im Falle einer Verlängerung der Probezeit kommt die Verbeamtung auf Lebenszeit entsprechend später in Betracht.

5.5.2.2 Versetzung in den Ruhestand

Bei dauerhafter Dienstunfähigkeit eines Beamten auf Probe regelt § 28 BeamtStG die Voraussetzungen für eine Versetzung in den Ruhestand. Die für die Betroffenen günstigeren Bestimmungen des § 26 BeamtStG gelten indes nur für Beamte auf Lebenszeit.

5.5.2.3 Entlassung

Bei Nichtbewährung in der Probezeit eröffnet § 23 Abs. 3 Nr. 2 BeamtStG die Möglichkeit der Entlassung des Probebeamten, siehe Nr. 10.2.2.2.

5.5.2.4 Beförderungsverbot

§ 21 Abs. 1 Satz 1 Nr. 1 HBG regelt ein „Beförderungsverbot“ während der Probezeit sowie im gehobenen und höheren Dienst vor Ablauf eines Jahres nach Beendigung der Probezeit. Im Regelfall kann danach ein Beamter des mittleren Dienstes frühestens nach ca. 5 Jahren erstmals befördert werden (2 Jahre Vorbereitungsdienst, 3 Jahre Probezeit).

Ein weiteres Beförderungsverbot gilt nach § 21 Abs. 1 Satz 1 Nr. 2: Hiernach darf ein Beamter ein Jahr (mittlerer Dienst) bzw. zwei Jahre (gehobener und höherer Dienst) **nach einer Beförderung** nicht erneut befördert werden.
Dieses Beförderungsverbot greift z. B. im mittleren Dienst erstmals bei einer Beförderung vom Sekretär (A 6 HBesG) zum Obersekretär (A 7 HBesG).

Eine entsprechende Musterurkunde finden Sie unter Nr. 3.5.3.

§ 21 Abs. 1 Satz 2 HBG bestimmt eine dreimonatige Erprobungszeit vor Beförderungen, die mit einer **höherwertigen Funktion** verbunden sind.

Schließlich regelt § 21 Abs. 1 Satz 3 HBG das Verbot der **„Sprungbeförderung“** (z. B. Verbot der Ernennung eines Obersekretärs zum Amtsinspektor).

Über **Ausnahmen** zu all diesen Beförderungsverboten bedarf es im kommunalen Bereich grundsätzlich der Zustimmung des Direktors des LPA (vgl. § 97 HBG) und der obersten Dienstbehörde, § 21 Abs. 2 Satz 3 HBG.

Allerdings kann nach § 23 Abs. 2 Nr. 6 HBG die Landesregierung per Rechtsverordnung Regelungen über die Zulassung bestimmter Ausnahmen von den Beförderungsverboten treffen.
Hiervon macht § 10 Abs. 1 HLVO Gebrauch u. a. für Beamte, die bereits während der Probezeit **hervorragende Leistungen** (Spitzenleistungen) erbringen: diese können bereits nach Ablauf von 2 Jahren der Probezeit und innerhalb eines Jahres nach Beendigung der Probezeit befördert werden.

Bei einer solchen Beförderung während der Probezeit wird diese jedoch nicht beendet, sondern dauert fort.

Hinsichtlich der besonderen Beförderungsverbote aus dem Disziplinarrecht (§ 11 Abs. 4 und § 12 Abs. 3 HDG) wird auf Nr. 9.3 verwiesen.

5.6 Eine Karriere im mittleren Dienst

Nachfolgend wird beispielhaft eine „Musterkarriere" in der Laufbahn des mittleren allgemeinen Verwaltungsdienstes dargestellt (Bekanntgabe Prüfungsergebnis 27.08.2014):

01.09.2012	**Sekretäranwärter** § 13 Abs. 2 HLVO	**BaW** § 4 Abs. 4a BeamtStG	Begründung § 8 Abs. 1 Nr. 1 BeamtStG

Der Vorbereitungsdienst dauert 2 Jahre, § 14 HLVO i. V. m. § 5 Satz 1 APOmD. Er endet mit Bekanntgabe des Prüfungsergebnisses, § 19 Abs. 1 Satz 3 Nr. 1 HLVO.

28.08.2014	**Sekretär** (Eingangsamt)	**BaP** § 4 Abs. 3 BeamtStG Verleihung eines Amtes	Begründung

Die Probezeit dauert 3 Jahre, § 10 BeamtStG, § 20 Abs. 2 HBG, § 9 Abs. 2 HLVO.

28.08.2017	**Obersekretär** (Beförderung)	**BaL**	Umwandlung § 8 Abs. 1 Nr. 2 BeamtStG

Eine Beförderung erfolgt im Regelfall nicht während der Probezeit, § 21 Abs. 1 Satz 1 Nr. 1 HBG. Bei hervorragenden Leistungen in der Probezeit wäre eine Beförderung aber bereits am 28.08.2016 möglich, vgl. § 10 Abs. 1 HLVO.

Wichtigste Voraussetzung für die Berufung in das Beamtenverhältnis auf Lebenszeit ist die volle Bewährung in der Probezeit. Bei Erfüllung der Voraussetzungen muss eine Verbeamtung auf Lebenszeit spätestens nach 5 Jahren erfolgen, vgl. § 20 Abs. 3 HBG.

28.08.2018	**Hauptsekretär** (nach einjährigem Beförderungsverbot des § 21 Abs. 1 Satz 1 Nr. 2 HBG)	(weiterhin BaL)	Verleihung eines anderen Amtes … § 8 Abs. 1 Nr. 3 BeamtStG

28.08.2019 **Amtsinspektor** (Spitzenamt des mittleren Dienstes)

Ausnahmen von den Beförderungsverboten sind unter den Voraussetzungen des § 21 Abs. 2 HBG möglich.

In der Praxis verläuft eine Beamtenkarriere regelmäßig nicht ganz so steil.

So ist es z. B. keineswegs selbstverständlich, dass unmittelbar nach Ablauf der Probezeit die erste Beförderung ausgesprochen wird. Denkbar ist in der obigen Musterkarriere z. B. eine Verbeamtung auf Lebenszeit am 28.08.2017 und eine Beförderung zum Obersekretär im Jahr 2018, 2019 oder später.

Auch ist es unüblich, eine Beförderung taggenau nach Ablauf der Probezeit auszusprechen. Realistischer und praxisgerechter wäre z. B. eine Beförderung mit Wirkung vom 01.09. des jeweiligen Jahres.

Manche Dienstherren haben darüber hinaus interne **Richtlinien** aufgestellt, wonach Beförderungen z. B. nur noch an zwei festen Terminen pro Jahr ausgesprochen werden. Ein solches personalkostensenkendes Vorgehen ist im Rahmen der Organisations- und Personalhoheit des Dienstherrn durchaus legitim und findet nach den Erfahrungen des Verfassers immer mehr Verbreitung. Beachte in diesem Zusammenhang auch Nr. 3.6 (kein Anspruch auf Ernennung!).

Zur Vertiefung Ihrer laufbahnrechtlichen Kenntnisse empfiehlt sich die Bearbeitung des Falles 4 im Übungsteil.

Übrigens:
Hier noch die Lösung der Fallsituation „Bernd Best“, die am Anfang dieses Kapitels 5 dargestellt wurde:

01.01.2015	Obersekretär
01.01.2016	Hauptsekretär
01.01.2017	Amtsinspektor

Voraussetzung dieser Beförderungen ist natürlich, dass die sonstigen sachlichen und persönlichen Voraussetzungen erfüllt sind (z. B. Planstelle der Besoldungsgruppe A 9 HBesG). Ausnahmen wären mit Zustimmung des Direktors des LPA möglich, vgl. § 21 Abs. 2 Satz 1 HBG.

5.7 Der Vergleich zum gehobenen Dienst

Im Prinzip gelten die Aussagen in Nr. 5.6 zum mittleren Dienst auch für den gehobenen Dienst. Jedoch sind folgende Abweichungen zu beachten:

- Die Zugangsvoraussetzung ist regelmäßig das **Abitur** oder ein vergleichbarer Schulabschluss, vgl. § 15 Abs. 3 HBG.

- Der Vorbereitungsdienst dauert **drei** Jahre, § 15 Abs. 3 HLVO. Er ist als Bachelorstudium ausgestattet, § 8 Abs. 1 Satz 1 APOgD AV.

- **Nach der Probezeit** besteht ein einjähriges Beförderungsverbot, § 21 Abs. 1 Satz 1 Nr. 1 HBG.

- Nach jeder Beförderung besteht ein **zweijähriges** Beförderungsverbot, § 21 Abs. 1 Satz 1 Nr. 2 HBG.

Im gehobenen Dienst kann man also nach ca. 6 Jahren in das Beamtenverhältnis auf Lebenszeit berufen werden (3 Jahre Vorbereitungsdienst, 3 Jahre Probezeit).

Die erste Beförderung ist regelmäßig nach ca. 7 Jahren möglich (3 Jahre Vorbereitungsdienst, 3 Jahre Probezeit, 1 Jahr Beförderungsverbot).

Übersicht:
(ohne Anrechnung von Zeiten, Normalleistung stets vorausgesetzt)

	Mittlerer Dienst	Gehobener Dienst
Vorbereitungsdienst	2 Jahre	3 Jahre
Probezeit	3 Jahre	3 Jahre
BaL	nach 5 Jahren	nach 6 Jahren
Erste Beförderung	nach 5 Jahren	nach 7 Jahren
Zweite Beförderung	nach 6 Jahren	nach 9 Jahren
Dritte Beförderung	nach 7 Jahren	nach 11 Jahren
Vierte Beförderung		nach 13 Jahren

Daraus ergibt sich folgende beispielhafte Musterkarriere im gehobenen Dienst:

01.09.2012	**Inspektoranwärter** § 13 Abs. 2 HLVO	**BaW** § 4 Abs. 4a BeamtStG	Begründung § 8 Abs. 1 Nr. 1 BeamtStG

Der Vorbereitungsdienst dauert **3 Jahre,** § 15 HLVO. Er endet mit Bekanntgabe des Prüfungsergebnisses, § 19 Abs. 1 Satz 3 Nr. 1 HLVO.

28.08.2015	**Inspektor** (Eingangsamt)	**BaP** § 4 Abs. 3 BeamtStG Verleihung eines Amtes	Begründung

Die Probezeit dauert 3 Jahre, § 10 BeamtStG, § 20 Abs. 2 HBG, § 9 Abs. 2 HLVO.

28.08.2018	(weiterhin Inspektor) **BaL**		Umwandlung § 8 Abs. 1 Nr. 2 BeamtStG

Wichtigste Voraussetzung für die Berufung in das Beamtenverhältnis auf Lebenszeit ist die volle Bewährung in der Probezeit. Bei Erfüllung der Voraussetzungen muss eine Verbeamtung auf Lebenszeit spätestens nach 5 Jahren erfolgen, vgl. § 20 Abs. 3 HBG.

28.08.2019	**Oberinspektor** (Beförderung)	(weiterhin BaL)	Verleihung eines anderen Amtes ... § 8 Abs. 1 Nr. 3 BeamtStG

Eine Beförderung erfolgt im Regelfall nicht während der Probezeit **und vor Ablauf eines Jahres nach deren Beendigung,** § 21 Abs. 1 Satz 1 Nr. 1 HBG. Bei hervorragenden Leistungen in der Probezeit wäre eine Beförderung aber bereits am 28.08.2018 möglich, vgl. § 10 Abs. 1 HLVO.

28.08.2021 **Amtmann**
(nach **zweijährigem** Beförderungsverbot
des § 21 Abs. 1 Satz 1 Nr. 2 HBG)

28.08.2023 **Amtsrat**

28.08.2025 **Oberamtsrat** (Spitzenamt des gehobenen Dienstes)

Ausnahmen von den Beförderungsverboten sind unter den Voraussetzungen des § 21 Abs. 2 HBG möglich.

5.8 Aufstiegsbeamte

© Rainer Sturm/PIXELIO

Besonders befähigten Beamten soll es ermöglicht werden, in die nächsthöhere Laufbahn ihrer Laufbahngruppe aufzusteigen, § 21 Abs. 3 HBG.
Man unterscheidet dabei zwischen

- dem Aufstieg in den gehobenen Dienst und
- dem Aufstieg in den höheren Dienst.

5.8.1 Aufstieg in den gehobenen Dienst

Der Aufstieg in den gehobenen Dienst ist in § 36 HLVO geregelt.

5.8.1.1 Prüfungsgebundener Aufstieg

Die Absätze 1 bis 4 des § 36 HLVO regeln den **prüfungsgebundenen** Aufstieg:

§ 36 Abs. 1 HLVO bestimmt Mindestwartezeiten für die Zulassung zum Aufstieg, welche in Abhängigkeit von der Note der Laufbahnprüfung des mittleren Dienstes gestaltet sind. In der Praxis erfolgen bei den einzelnen Behörden interne Auswahlverfahren für die Zulassung für den Aufstieg.

Nach § 36 Abs. 2 HLVO werden die Beamten zu der vorgeschriebenen Ausbildung **zugelassen** und gleichzeitig in die Aufgaben des gehobenen Dienstes eingeführt. Sie besuchen – gemeinsam mit Beamten auf Widerruf im Vorbereitungsdienst – während ihrer dreijährigen **Einführungszeit** die fachtheoretische Ausbildung (z. B. an der Hessischen Hochschule für Finanzen und Rechtspflege in Rotenburg an der Fulda bzw. an der Hessischen Hochschule für Polizei und Verwaltung in Wiesbaden) und werden daneben in verschiedenen Fachabteilungen praktisch ausgebildet. Beachte auch § 41 APOgD AV (Zulassung von Beamten des mittleren Dienstes zum Studium).

Gegen Ende der dreijährigen Einführungszeit ist die **Laufbahnprüfung** des gehobenen Dienstes abzulegen, § 36 Abs. 3 HLVO. Dabei ist zu beachten, dass die Einführungszeit nicht etwa mit Bekanntgabe des Prüfungsergebnisses endet. Der in Nr. 5.3 dargestellte § 19 Abs. 1 Satz 3 Nr. 1 HLVO regelt nur die Beendigung des Vorbereitungsdienstes, gilt aber nicht für die Einführungszeit der Aufstiegsbeamten.

Wird die Laufbahnprüfung auch nach Wiederholung **nicht bestanden,** tritt der Aufstiegsbeamte in seine frühere Beschäftigung zurück. Er wird also – wie vor seiner Einführungszeit – z. B. als Sekretär im Ordnungsamt beschäftigt und verbleibt (dauerhaft) in seiner Laufbahn des mittleren Dienstes.

Wird die Laufbahnprüfung dagegen bestanden und endet die Einführungszeit mit dem gewünschten Erfolg, so ist anschließend eine **Bewährungszeit** in die Aufgaben des gehobenen Dienstes von mindestens einem Jahr zu absolvieren, § 36 Abs. 4 HLVO.

Erst danach kann die Ernennung zum **Inspektor** (Eingangsamt des gehobenen Dienstes, § 20 Abs. 1 Satz 1 HBG, § 25 Abs. 1 Nr. 2 HBesG) erfolgen. Zur Notwendigkeit einer Ernennung vgl. § 8 Abs. 1 Nr. 4 BeamtStG i. V. m. § 9 Abs. 1 HBG.
Eine entsprechende Musterurkunde finden Sie unter Nr. 3.5.4.

Da es sich bei der Ernennung zum Inspektor nicht um eine „Beförderung" handelt (vgl. Definition in § 2 Abs. 5 HLVO), greift das zweijährige Beförderungsverbot des § 21 Abs. 1 Satz 1 Nr. 2 HBG hier nicht. Jedoch ist § 36 Abs. 6 HLVO zu beachten, wonach das erste **Beförderungsamt** des gehobenen Dienstes (Oberinspektor) nicht vor Ablauf eines Jahres nach dem Laufbahngruppenwechsel verliehen werden darf.

Danach greifen die regulären Fristen des § 21 Abs. 1 Satz 1 Nr. 2 HBG, Ausnahmen wären mit Zustimmung des Direktors des LPA (vgl. § 97 HBG) möglich, § 21 Abs. 2 Satz 3 HBG.

Zu beachten ist, dass nach einem Aufstieg **keine erneute Probezeit** zu absolvieren ist. Schließlich befindet sich der Beamte regelmäßig schon im Beamtenverhältnis auf Lebenszeit.

Auch die besoldungsrechtlich erreichte **Stufe des Grundgehalts** bleibt dem Beamten nach dem Aufstieg unverändert erhalten.

Möglicher Werdegang eines Aufstiegsbeamten:

01.09.2012 Beginn der **Einführungszeit** eines Obersekretärs
28.08.2015 Laufbahnprüfung (gehobener Dienst) bestanden

01.09.2015 Beginn der **Bewährungszeit**
01.09.2016 Ernennung zum Inspektor
01.09.2017 Ernennung zum Oberinspektor

Zur Vertiefung wird auf Fall 5 im Übungsteil verwiesen.

5.8.1.2 Prüfungsfreier Aufstieg

§ 36 Abs. 5 HLVO beinhaltet die Ausnahme eines prüfungsfreien Aufstiegs. Voraussetzung ist u. a., dass sich der Beamte **fünf Jahre** im Spitzenamt des mittleren Dienstes (Amtsinspektor) befunden und sich bereits drei Jahre lang in Tätigkeiten des gehobenen Dienstes (siehe Stellenplan) bewährt hat. Die Entscheidung über den Aufstieg trifft der Direktor des Landespersonalamtes (LPA) auf Vorschlag der obersten Dienstbehörde und im Benehmen mit der Landespersonalkommission.

Nach diesem prüfungsfreien Aufstieg gilt ebenfalls das einjährige Beförderungsverbot des § 36 Abs. 6 HLVO.
Eine (erneute) Probezeit im gehobenen Dienst ist auch hier nicht zu absolvieren. Auch bleibt dem Beamten nach dem Aufstieg die besoldungsrechtlich erreichte Stufe des Grundgehalts unverändert erhalten.

5.8.2 Aufstieg in den höheren Dienst

Für diesen Aufstieg gibt es zwei Möglichkeiten, die überblickartig dargestellt werden:

5.8.2.1 Qualifikationsaufstieg (§ 37 HLVO)

© Andreas Hermsdorf/PIXELIO

Abs. 1 Masterstudium,
8 Jahre gehobener Dienst,
hervorragende Beurteilungen,
2 Jahre Einführungszeit
Abs. 2 „Master of Public Management"
Abs. 3 Oberste Dienstbehörde, LPA
Abs. 4 Beförderungsverbot 1 Jahr nach Aufstieg

Die wichtigste Voraussetzung ist – neben den stellenplantechnischen Voraussetzungen – die Ablegung des **Masterstudiums.** Über diesen Weg kann z. B. ein sehr gut geeigneter Oberinspektor direkt in den höheren Dienst aufsteigen.

Verfügt der Beamte nicht über das o. g. Masterstudium, so bleibt ihm die Möglichkeit des § 38 HLVO:

5.8.2.2 Erfahrungsaufstieg (§ 38 HLVO)

© Erich Westendarp/PIXELIO

Abs. 1 oberste Dienstbehörde, LPA,
2 Jahre in Besoldungsgruppe **A 13**
hervorragende Beurteilungen,
1 Jahr Tätigkeit des höheren Dienstes
Abs. 2 Zuerkennung der Befähigung für den höheren Dienst
Abs. 3 Beförderungsverbot 1 Jahr nach Aufstieg

Hier muss zunächst die gesamte Laufbahn des gehobenen Dienstes durchlaufen werden, ehe der Aufstieg in den höheren Dienst möglich ist. Dieser Aufstieg dauert somit im Zweifel länger als der Qualifikationsaufstieg des § 37 HLVO; er hat jedoch den Vorteil, dass ein Masterstudium nicht erforderlich ist.

Zur Vertiefung dieser beiden Aufstiegsmöglichkeiten in den höheren Dienst wird auf Fall 6 im Übungsteil verwiesen.

5.9 Andere Bewerber

Der öffentliche Dienst benötigt zur Bewältigung seiner Aufgaben die „besten Köpfe". Deshalb sollen die Ämter des öffentlichen Dienstes im Bedarfsfall auch mit qualifizierten Fachleuten besetzt werden können, welche nicht die regelmäßig erforderliche Vorbildung und die laufbahnmäßige Ausbildung mitbringen.

Neben den „normalen" Laufbahnbewerbern ist es also beispielsweise auch möglich, Spezialisten der freien Wirtschaft in ein Beamtenverhältnis zu berufen. Man spricht von „anderen Bewerbern", die ihre Qualifikation durch Lebens- und Berufserfahrung innerhalb oder außerhalb des öffentlichen Dienstes erworben haben.

Die Grundlage für eine Einstellung in ein Beamtenverhältnis bildet § 7 Abs. 1 BeamtStG (u. a. deutsche Staatsangehörigkeit, Eintritt für die FDGO sowie die nach Landesrecht vorgeschriebene Befähigung, vgl. Nr. 2.1).
Nach § 8 Abs. 2 HBG unterscheidet man Laufbahnbewerber und andere Bewerber.

Während § 8 Abs. 1 HLVO den Erwerb der Befähigung von Laufbahnbewerbern beschreibt (u. a. Vorbereitungsdienst und Laufbahnprüfung, siehe Nr. 5.3), gilt § 8 Abs. 2 HLVO für die anderen Bewerber. § 19 Satz 2 HBG bestimmt, dass der Direktor des LPA die Befä-

higung der anderen Bewerber feststellt, im Kommunalbereich z. B. im Einvernehmen mit der obersten Dienstbehörde (§ 19 Satz 4 HGB).
Nähere Bestimmungen zu dem Personenkreis der anderen Bewerber enthält § 35 HLVO. Danach darf als anderer Bewerber nur eingestellt werden, wer mindestens **vier Jahre** hauptberuflich eine Tätigkeit ausgeübt hat, die der Tätigkeit des Eingangsamtes der jeweiligen Laufbahn gleich zu bewerten ist. Zum Begriff „hauptberuflich“ vgl. § 2 Abs. 7 HLVO. Die Eingangsämter sind in § 25 Abs. 1 HBesG aufgeführt.

Die sonstigen beamtenrechtlichen Bestimmungen gelten für den anderen Bewerber genauso wie für Laufbahnbewerber. So ist z. B. das **Höchstalter** des § 11 HLVO zu beachten und grundsätzlich eine Probezeit abzuleisten.

Auch die Bestimmungen zur **Abkürzung der Probezeit** gelten für diesen Personenkreis. Wenn also z. B. ein anderer Bewerber sofort in das Beamtenverhältnis auf Lebenszeit berufen werden will, so muss er zuvor mindestens 4 Jahre (wegen § 35 Satz 1 HLVO) zuzüglich 3 Jahre (vgl. § 9 Abs. 4 HLVO, siehe Nr. 5.5.1), im Ergebnis also mindestens 7 Jahre hauptberuflich gleichwertige Tätigkeiten ausgeübt haben.

Beispiel: Ein Verwaltungsfachwirt der Stadt Darmstadt (seit 7 Jahren in EG 9 TVöD eingruppiert) soll zum 01.10.2016 verbeamtet werden. Er hat keinen Vorbereitungsdienst geleistet.

→ Hier handelt es sich nicht um einen Laufbahnbewerber, sondern um einen anderen Bewerber. In diesem Fall kann eine unmittelbare Verbeamtung auf Lebenszeit (!) am 01.10.2016 erfolgen (Unterschreitung der Mindestprobezeit).

Bei der Besetzung von Beförderungsstellen konkurrieren die anderen Bewerbern übrigens gleichrangig mit Laufbahnbewerbern.

Bezüglich der Stufenfestsetzung des **Grundgehalts** eines anderen Bewerbers wird auf das Beispiel in Nr. 7.2.2.2 verwiesen.

Zur Vertiefung wird auf Fall 7 im Übungsteil verwiesen.

5.10 Laufbahnwechsel

Bewirbt sich z. B. ein Finanzbeamter (Fachrichtung Steuerverwaltung) um eine Stelle in einer kommunalen Kämmerei (Fachrichtung Allgemeine Verwaltung), so kommt ein (horizontaler) Laufbahnwechsel infrage.
Über die Anerkennung der Befähigung entscheidet der Direktor des LPA im Einvernehmen mit der obersten Dienstbehörde, § 22 Abs. 3 HBG.

Ein Laufbahnwechsel unterliegt der Mitbestimmung des Personalrates gemäß § 77 Abs. 1 Nr. 1b, § 69 Abs. 1 HPVG. Die Beteiligungspflicht der Frauenbeauftragten ergibt sich aus § 16 Abs. 1 Satz 2 Nr. 2 HGlG.

6. Abordnung, Versetzung, Umsetzung, Zuweisung

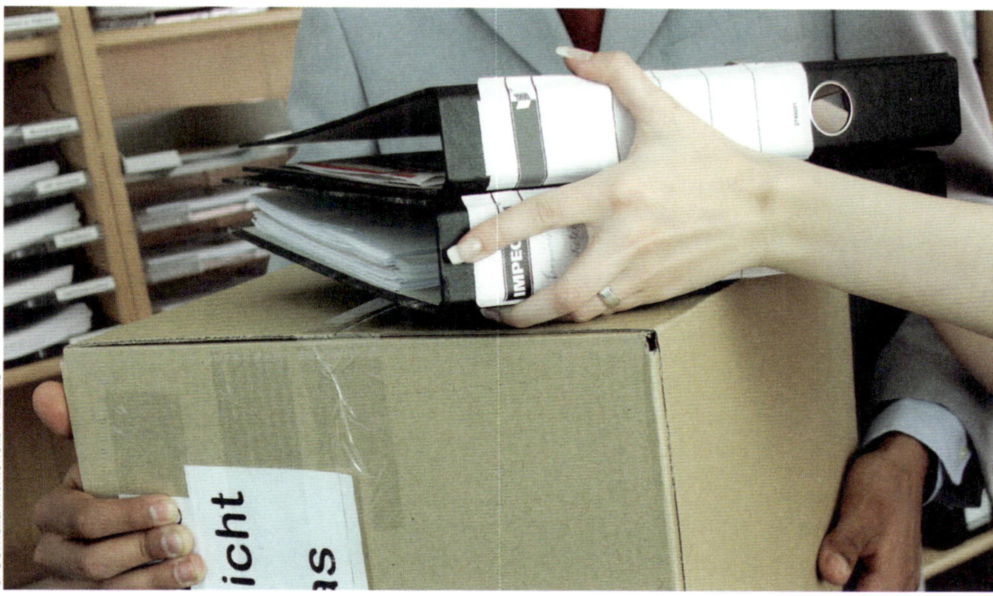

© Cornelia Menichelli/PIXELIO

Eine Besonderheit des Beamtenrechts liegt darin, dass ein Mitarbeiter durch einen Verwaltungsakt seinen Dienstherrn wechseln kann.

Im Eherecht muss bekanntlich vor Eingehung einer neuen Ehe die alte Beziehung geschieden werden. Auch im Arbeitsrecht bedarf es regelmäßig der Beendigung des Vertragsverhältnisses durch Kündigung oder Auflösungsvertrag, bevor ein neuer Arbeitsvertrag zu einem anderen Arbeitgeber eingegangen werden kann.

Anders ist dies im Beamtenrecht: Hier kann der Beamte dauerhaft zu einem anderen Dienstherrn **versetzt** werden, ohne dass das Beamtenverhältnis an sich unterbrochen wird.

Eine **Abordnung** hingegen ist nur vorübergehender Natur. Hier bleibt das Verhältnis zu dem (eigentlichen) Dienstherrn bestehen.

Aber wann spricht man von einer Umsetzung? Und was ist eigentlich eine Zuweisung? Dies alles lernen Sie im folgenden Kapitel 6.

6.1 Abordnung

<u>Definition</u>:
Eine Abordnung ist die **vorübergehende** Zuweisung einer Tätigkeit bei einer **anderen Dienststelle.**

Nur Beamte, die ein Amt (im statusrechtlichen Sinn) besitzen, können abgeordnet werden. Dies sind gemäß § 8 Abs. 3 BeamtStG

- Beamte auf Lebenszeit,
- Beamte auf Probe und
- Beamte auf Zeit.

An dieser Stelle müssen wir zunächst klären, was unter einer „Dienststelle" zu verstehen ist:

<u>Definition:</u>
Dienststelle ist jede organisatorisch verselbständigte Verwaltungseinheit, die – mit persönlichen und sächlichen Mitteln ausgestattet – einen örtlich und gegenständlich abgrenzbaren Aufgabenbereich versieht.

Die Dienststelleneigenschaft verlangt, dass der Leiter der Einrichtung einen Entscheidungs- und Handlungsspielraum in personellen, sozialen und organisatorischen innerdienstlichen Angelegenheiten hat. Nur dann kann er dem Personalrat als verantwortlicher Partner gegenübertreten. Darf er in diesem Sinne nicht selbständig handeln, so ist die Dienststelleneigenschaft zu verneinen (BVerwG 26.11.2008 – 6 P 7.08 –).

Eine Schule z. B. ist regelmäßig eine eigene Dienststelle. Der vorübergehende Wechsel eines Lehrers an eine andere Schule ist damit als Abordnung zu qualifizieren.

Im Kommunalbereich beachte die personalvertretungsrechtliche Definition einer Dienststelle in § 7 Abs. 1 Satz 2 HPVG, wonach z. B. die gesamte Kreisverwaltung Hersfeld-Rotenburg als eine gemeinsame Dienststelle zu qualifizieren ist. Eine Abordnung zur Außenstelle Rotenburg kann somit nicht stattfinden; vielmehr wäre eine solche Maßnahme – trotz Dienstortwechsels – eine Umsetzung, siehe hierzu Nr. 6.3.

Nachdem wir den Dienststellenbegriff definiert haben und gelernt haben, dass eine Abordnung die vorübergehende Tätigkeit bei einer anderen Dienststelle darstellt, betrachten wir nun die beiden Arten der Abordnung:

6.1.1 Abordnung innerhalb Hessens

Für Abordnungen **innerhalb** des Geltungsbereiches des Hessischen Beamtengesetzes gelten die §§ 24 und 25 HBG.

Nach § 25 HBG kann ein Beamter – unter Beibehaltung der Zugehörigkeit zu seiner bisherigen Dienststelle – vorübergehend an eine andere Dienststelle oder sogar zu einem anderen Dienstherrn abgeordnet werden. Hierzu bedarf es dienstlicher Gründe.

Beispiel: Abordnung eines Amtsrates von der Oberfinanzdirektion Frankfurt zum Finanzamt Gießen für die Dauer von 6 Monaten, um eine Software einzuführen.

In diesem Beispiel handelt es sich zweifellos um eine Abordnung, denn der Beamte gehört weiterhin zu seiner „Stammdienststelle“ (Oberfinanzdirektion), er arbeitet aber für eine gewisse Zeit (vorübergehend) bei einer anderen Dienststelle (Finanzamt Gießen) desselben Dienstherrn (Land Hessen).

Dabei kann die „andere Dienststelle“ auch zum Geschäftsbereich eines anderen Dienstherrn gehören.

Beispiel: Abordnung eines Oberinspektors des Landkreises Kassel zur Stadt Hofgeismar für die Dauer von drei Monaten, um einen personellen Engpass abzudecken.

Der Oberinspektor bleibt auch während der Abordnung Beamter des Landkreises Kassel; er gehört auch weiterhin seiner Stammdienststelle an. Aber für im Beispiel drei Monate hat er Tätigkeiten bei einer anderen Dienststelle (hier: sogar eines anderen Dienstherrn) zu verrichten.

In beiden oben beschriebenen Beispielen handelt es sich also um Abordnungen nach § 25 HBG.

Weiteres Beispiel:
Oberinspektor Oberschlau arbeitet im Rechnungsprüfungsamt des Landkreises Limburg-Weilburg. In den Monaten Juli und August prüft er intensiv den Jahresabschluss der kreisangehörigen Gemeinde Weinbach. Dabei sitzt er ausschließlich im Rathaus Weinbach; die Kreisverwaltung betritt er in dieser Zeit nicht.

Hier handelt es sich nicht um eine Abordnung. Der Beamte erfüllt die Dienstaufgaben seiner Stammdienststelle lediglich in einer anderen Dienststelle (Außendienst).

Das Gesetz ermöglicht übrigens auch Teilabordnungen, z. B. in Höhe von 40 % der gesetzlichen Arbeitszeit (3 Tage in der Stammdienststelle, 2 Tage in der anderen Dienststelle).

Der Beamte kann aus dienstlichen Gründen auch zu einer nicht seinem Amt entsprechenden Tätigkeit abgeordnet werden, wenn ihm die Wahrnehmung der neuen Tätigkeit zumutbar ist. Dabei ist auch die Abordnung zu einer geringwertigeren Tätigkeit zulässig. Eine solche Abordnung bedarf der **Zustimmung** des Beamten, wenn sie die Dauer von 2 Jahren übersteigt, § 25 Abs. 2 Satz 3 HBG. Im Umkehrschluss sind derartige Abordnungen bis zu dieser Höchstdauer ohne weiteres möglich. Der Beamte ist jedoch vor Durchführung einer solchen Maßnahme anzuhören, § 28 HVwVfG.

Eine Abordnung zu einem anderen Dienstherrn bedarf gemäß § 25 Abs. 3 HBG der Zustimmung des Beamten. Sie ist auch ohne Zustimmung zulässig, wenn die neue Tätigkeit einem Amt mit demselben Endgrundgehalt auch einer anderen Laufbahn (!) entspricht und die Abordnung die Dauer von **5 Jahren** nicht übersteigt.

Beispiel:
Inspektor Wichtig wird von der Stadt Offenbach für die Dauer eines Jahres zur Stadt Hanau abgeordnet. Er nimmt dort einen nach Besoldungsgruppe A 9 (mD) bewerteten Dienstposten wahr.

Das weitere Verfahren regelt § 25 Abs. 4 HBG.

Eine Abordnung bedarf nach § 77 Abs. 1 Nr. 1 Buchst. e, § 69 Abs. 1 HPVG der vorherigen Zustimmung des **Personalrates,** wenn sie länger als 6 Monate andauert.

Zu beachten ist, dass gemäß § 83 Abs. 1 Satz 3 HPVG der Personalrat der abgebenden und der aufnehmenden Dienststelle zu beteiligen sind.

Der Personalrat der Stammdienststelle kann u. U. befugt sein, die Zustimmung zu einer vorgesehenen Abordnung wirksam zu verweigern, wenn dadurch z. B. die Versorgung der pflegebedürftigen Mutter des betroffenen Beamten nicht mehr gewährleistet ist (Einzelfallprüfung, § 77 Abs. 4 Nr. 2 HPVG).

Zum Schutz von **Personalratsmitgliedern** vor Abordnungen siehe § 64 Abs. 2 HPVG. Abordnungen von Mitgliedern der Jugend- und Auszubildendenvertretung bedürfen nach § 58 Satz 2 HPVG der Zustimmung des Personalrates.

Die **Frauenbeauftragten** der beteiligten Dienststellen sind natürlich ebenfalls zu beteiligen, § 16 Abs. 1 Satz 2 Nr. 2 HGlG. Auch genießt dieser Personenkreis selbst einen gesonderten Abordnungsschutz, § 18 Abs. 3 Satz 2 HGlG.

Jede Abordnung ist – im Gegensatz zur Umsetzung (siehe Nr. 6.3) – ein **Verwaltungsakt** nach § 35 Satz 1 HVwVfG. Hiergegen kann der Beamte Widerspruch einlegen. Ein solcher Widerspruch hat jedoch ausnahmsweise keine aufschiebende Wirkung, vgl. § 80 Abs. 2 Nr. 3 VwGO i. V. m. § 54 Abs. 4 BeamtStG. Näheres siehe Nr. 6.5.

6.1.2 Länderübergreifende Abordnung

Soll dem hessischen (Landes-, Körperschafts- oder Kommunal-)Beamten vorübergehend eine Tätigkeit bei einer Dienststelle eines anderen Dienstherrn zugewiesen werden, der nicht dem Geltungsbereich des HBG unterliegt, so kann Rechtsgrundlage hierfür nicht hessisches Recht sein. Gleiches gilt für Abordnungen „außerhessischer" Beamter (z. B. des Landes Thüringen, der Stadt Dortmund oder des Bundes) zu einem hessischen Dienstherrn.

Für solche Fälle gilt gemäß § 13 BeamtStG die Vorschrift des § 14 BeamtStG.

Beispiel: Ein Polizeibeamter des Landes Rheinland-Pfalz wird vorübergehend an eine hessische Polizeidienststelle abgeordnet.

In diesem Beispiel gilt weder rheinland-pfälzisches noch hessisches Recht, sondern ausschließlich § 14 BeamtStG.

Inhaltlich decken sich die §§ 14 BeamtStG und §§ 25 HBG weitgehend. Hinsichtlich der Feinheiten wird auf den jeweiligen Gesetzestext verwiesen.

Bezüglich der Beteiligung des Personalrates und der Frauenbeauftragten wird auf die Ausführungen in Nr. 6.1.1 verwiesen.

6.2 Versetzung

Definition:
Eine Versetzung ist die **dauerhafte** Zuweisung einer Tätigkeit bei einer anderen Dienststelle.

Nur Beamte, die ein Amt (im statusrechtlichen Sinn) besitzen, können versetzt werden. Dies sind gemäß § 8 Abs. 3 BeamtStG

- Beamte auf Lebenszeit,
- Beamte auf Probe und
- Beamte auf Zeit.

Was eine „Dienststelle" ist, haben wir ja bereits geklärt (siehe oben unter Nr. 6.1).

Eine dauerhafte Versetzung in ein anderes Amt (im abstrakt-funktionellen Sinn, vgl. Nr. 1.9) zu einer anderen Dienststelle ist möglich, wenn dienstliche Gründe vorliegen (z. B. reduzierter bzw. erhöhter Personalbedarf, unzureichende Leistungen, Vermeidung einer Ruhestandsversetzung; beachte jeweils Anhörungspflicht nach § 28 HVwVfG) oder der Beamte dies beantragt (weil er sich erfolgreich um ein Amt bei einer anderen Dienststelle beworben hat).

Auch bei Versetzungen muss man unterscheiden zwischen solchen, die innerhalb des Bundeslandes Hessen stattfinden (im Folgenden Nr. 6.2.1) und solchen, bei denen ein „außerhessischer" Dienstherr beteiligt ist (Nr. 6.2.2).

6.2.1 Versetzung innerhalb Hessens

Beispiel:
Ein Polizeibeamter des Landes Hessen beantragt seine Versetzung von der Polizeidienststelle Hanau zum Polizeipräsidium Nordhessen.

In diesem Beispiel handelt es sich um eine Versetzung, denn der Beamte gehört ab Wirksamwerden der Versetzungsverfügung einer anderen Dienststelle an. Zu seiner früheren Dienststelle hat er – dies ist der Unterschied zur Abordnung – keinerlei Rechtsbeziehungen mehr.

Im Gegensatz zum Arbeitsrecht (vgl. § 4 TVöD / TV-H) ist beamtenrechtlich sogar eine Versetzung zu einem anderen Dienstherrn möglich.

Dabei bedarf es keiner gesonderten Ernennungsurkunde seitens des neuen Dienstherrn (kein Ernennungsfall im Sinne von § 8 Abs. 1 BeamtStG).

Möchte z. B. ein Beamter von der Gemeinde Kaufungen zur Stadt Kassel versetzt werden (weil er sich dort attraktivere Arbeitsbedingungen oder bessere Karrierechancen verspricht), so erstellt die Gemeinde Kaufungen im Einverständnis mit der Stadt Kassel eine sog. „Versetzungsverfügung“, vgl. § 24 Abs. 3 HBG. Diese Verfügung ist ein Verwaltungsakt nach § 35 Satz 1 HVwVfG.

(Hinweis: Die Einverständniserklärung des aufnehmenden Dienstherrn (kein VA) dagegen ist materielle Wirksamkeitsvoraussetzung der Versetzung; ihr Fehlen macht die Versetzung unheilbar nichtig.)

Dabei wird das Beamtenverhältnis unverändert mit dem neuen Dienstherrn fortgesetzt (vgl. § 26 Abs. 4 HBG). Der Beamte ist also z. B. weiterhin Oberinspektor (A 10, Stufe 5, mit Anspruch auf Familienzuschlag der Stufe 3 und festgesetzter Teilzeitarbeit in Höhe von 30 Wochenstunden) im Beamtenverhältnis auf Lebenszeit. Die (erneute) Ableistung einer Probezeit (vgl. Nr. 5.5.1) ist deshalb nicht angezeigt. Aus Sicht des aufnehmenden Dienstherrn empfiehlt sich, vor der Einverständniserklärung die gesundheitliche Eignung des Beamten amtsärztlich überprüfen zu lassen und Einsicht in seine Personalakte zu nehmen.

Eine Versetzung bedarf nach § 77 Abs. 1 Nr. 1 Buchst. d, § 69 Abs. 1 HPVG der vorherigen **Zustimmung des Personalrates**.

Zu beachten ist, dass gemäß § 83 Abs. 1 Satz 3 HPVG die Personalräte der abgebenden und der aufnehmenden Dienststelle zu beteiligen sind.

Dabei kann gemäß Rechtsprechung der Personalrat der aufnehmenden Dienststelle einer Versetzung nicht wirksam mit der Begründung widersprechen, dass dadurch einem eigenen Beamten die Beförderungschancen genommen werden.

Zum Schutz von **Personalratsmitgliedern** vor Versetzungen siehe § 64 Abs. 2 HPVG.

Versetzungen von Mitgliedern der **Jugend- und Auszubildendenvertretung** bedürfen gemäß § 58 Satz 2 HPVG der Zustimmung des Personalrats.

Die **Frauenbeauftragten** der beteiligten Dienststellen sind natürlich ebenfalls zu beteiligen, § 16 Abs. 1 Satz 2 Nr. 2 HGlG. Zum besonderen Versetzungsschutz dieses Personenkreises siehe § 18 Abs. 3 Satz 2 HGlG.

Gegen eine Versetzung hat der Beamte die Möglichkeit, Widerspruch einzulegen. Ein solcher hat jedoch keine aufschiebende Wirkung, vgl. § 80 Abs. 2 Nr. 3 VwGO i. V. m. § 54 Abs. 4 BeamtStG. Näheres siehe Nr. 6.5.

Aus der Praxis: Eine Versetzungsverfügung

> …
> Sehr geehrter Herr …,
>
> wir versetzen Sie mit Ihrem Einverständnis und mit dem Einverständnis des aufnehmenden Dienstherrn mit Wirkung vom 01.10.2015 gemäß § 26 des Hessischen Beamtengesetzes (HBG) in den Geschäftsbereich der Gemeinde Nimmdorf.
> Den Empfang der Versetzungsverfügung wollen Sie uns bitte mit der anliegenden Bescheinigung bestätigen.
>
> Ihren derzeitigen beamtenrechtlichen Status als Beamter auf Lebenszeit setzen Sie nach § 26 Abs. 4 HBG mit der Maßgabe in dem Geschäftsbereich des neuen Dienstherrn fort, dass auf Ihre beamten- und besoldungsrechtliche Stellung künftig die im Bereich des neuen Dienstherrn geltenden Vorschriften Anwendung finden.
>
> Für die der Stadt Gibstadt geleisteten Dienste danken wir Ihnen und wünschen Ihnen für Ihren weiteren beruflichen Lebensweg alles Gute.
>
> Mit freundlichen Grüßen
> …

Von dieser Versetzungsverfügung erhält der aufnehmende Dienstherr eine Durchschrift. Sodann wird für den Beamten regelmäßig ein Dienstzeugnis erstellt. Falls die frei werdende Planstelle erneut besetzt werden soll, erfolgt eine entsprechende Stellenausschreibung (vgl. Kapitel 2).

Im Übrigen findet bei einer Versetzung eine sog. Versorgungslastenteilung statt. Dies ist im „**Staatsvertrag** über die Verteilung von Versorgungslasten bei bund- und länderübergreifenden Dienstherrenwechseln" geregelt (BGBl. 2010, S. 1290 ff.). Dieser Staatsvertrag ist am 01.11.2011 in Kraft getreten und gilt bei landesinternen Dienstherrenwechseln (z. B. von der Stadt Frankfurt zur Stadt Wiesbaden) nur, wenn dies gesetzlich bestimmt ist, § 2 Satz 3 des Staatsvertrages. Eine solche Bestimmung enthält der am 01.03.2014 in Kraft getretene § 83 HBeamtVG.

6.2.2 Länderübergreifende Versetzung

In Abgrenzung zu Versetzungen innerhalb Hessens können Versetzungen von oder zu einem **außerhessischen** Dienstherrn nicht nach hessischem Recht abgewickelt werden. Soll z. B. eine Versetzung von oder zu einem Dienstherrn in Thüringen, Bayern oder Niedersachsen bzw. zum Bund erfolgen, so sind ausschließlich die §§ 13 und 15 BeamtStG anzuwenden.

Auch in diesen Fällen bedurfte es bislang keiner Ernennungsurkunde, denn nach § 15 Abs. 3 Satz 2 BeamtStG wird das Beamtenverhältnis auch bei länderübergreifenden Versetzungen mit dem aufnehmenden Dienstherrn fortgesetzt.

Zu beachten ist hier jedoch § 8 Abs. 1 Nr. 3 BeamtStG, welcher bei jeder Verleihung eines „anderen Amts mit anderem Grundgehalt" eine Ernennung vorschreibt. Unter Berücksichtigung der Tatsache, dass es in Deutschland künftig bis zu 17 verschiedene Besoldungssysteme geben wird (Bund + 16 Länder), ist die Wahrscheinlichkeit groß, dass sich das Grundgehalt beim Wechsel in ein anderes Bundesland ändert (trotz gleich bleibender Besoldungsgruppe). Demzufolge ist es zumindest nicht ausgeschlossen, dass es zusätzlich zur Versetzungsverfügung auch einer Ernennung durch den aufnehmenden Dienstherrn bedarf (derzeit strittig; der Verfasser verneint die Notwendigkeit einer erneuten Ernennung).

Hatte ein aus einem anderen Bundesland nach Hessen versetzter Beamter zuvor Anspruch auf höhere Bezüge, so kann ihm unter den Voraussetzungen des § 15 Abs. 3 HBesG eine **Ausgleichszulage** gezahlt werden.

Bezüglich der Beteiligung des Personalrates und der Frauenbeauftragten wird auf die Ausführungen in Nr. 6.2.1 verwiesen.

Zur Vertiefung der Spielregeln bei einer Versetzung empfiehlt sich die Bearbeitung des Falles 8 im Übungsteil.

Um praxisrelevante Alternativen zur Versetzung geht es in Fall 9 im Übungsteil.

6.3 Umsetzung

Fallsituation:
Herr Oberinspektor Zimmer sitzt seit 20 Jahren in einem hübsch geräumigen Dienstzimmer des städtischen Gewerbeamtes. Er möchte „bis zu seiner Pensionierung" dort bleiben. An seine Aufgaben hat er sich im Laufe der Jahre so sehr gewöhnt, dass er sich nichts

anderes als Gewerberecht mehr vorstellen kann. Der neue Bürgermeister beabsichtigt jedoch, die komplette Verwaltung umzustrukturieren. In diesem Zusammenhang ist vorgesehen, Herrn Zimmer in die Stadtkasse umzusetzen. Ist dies möglich?

Die beamtenrechtliche Umsetzung ist gesetzlich nicht definiert. Ein Hinweis findet sich lediglich in § 77 Abs. 1 Nr. 1 Buchst. d HPVG.

Die Umsetzung ist eine **dienststelleninterne** Maßnahme, durch die der Aufgabenbereich des Beamten geändert wird.

Dessen Ämter

- im statusrechtlichen Sinn (z. B. Oberinspektor, A 10) und
- im abstrakt-funktionellen Sinn (z. B. Oberinspektor bei der Stadt Marburg)

bleiben unberührt.

Dem Beamten wird – regelmäßig nach einer Anhörung – ein **anderer,** bei seiner Dienststelle eingerichteter **Dienstposten** (Amt im konkret-funktionellen Sinn) übertragen, der nach seiner Wertigkeit mindestens dem bisherigen Amt im statusrechtlichen Sinn zugeordnet ist. Ein Oberinspektor (A 10 HBesG), der auf einer nach Besoldungsgruppe A 11 HBesG bewerteten Planstelle „sitzt" und seit geraumer Zeit auf seine Beförderung wartet (kein Anspruch hierauf, siehe Nr. 3.6), kann also durchaus auch auf eine nach Besoldungsgruppe A 10 HBesG bewertete Planstelle umgesetzt werden.

Es ist allgemein anerkannt, dass die Berechtigung des Dienstherrn zur Vornahme von Umsetzungen aus seiner **Organisationsgewalt** folgt.

Allerdings sind dieser Organisationsgewalt Grenzen gesetzt: Generell hat der Beamte einen gerichtlich durchsetzbaren Anspruch darauf, **„amtsangemessen"**, d. h. entsprechend seinem Amt im statusrechtlichen Sinn (hier: Oberinspektor) und im abstrakt-funktionellen Sinn (Oberinspektor bei der Stadt Marburg) beschäftigt zu werden. Dem Beamten darf deshalb ohne sein Einverständnis – von eng begrenzten Situationen wie Katastrophenfällen abgesehen – keine Tätigkeit zugewiesen werden, die seiner Laufbahn und seinem Ausbildungsstand „unterwertig" ist. So dürfen z. B. von einem verbeamteten Lokführer keine Reinigungsdienste während Stillstandzeiten des Zuges verlangt werden (Urteil des BVerwG vom 03.03.2005 – 2 C 11.04 –).

Verfügt der städtische Stellenplan also über eine entsprechende Planstelle eines Oberinspektors in der Stadtkasse (oder wird eine solche Planstelle geschaffen), so ist eine Umsetzung des Herrn Zimmer möglich.

Bei der Umsetzung handelt es sich um eine dienstliche Anordnung, welcher der betreffende Beamte aufgrund seiner Weisungsgebundenheit Folge zu leisten hat (§ 35 Abs. 2 BeamtStG). Die Nichtbefolgung einer solchen Anordnung stellt ein Dienstvergehen dar, welches disziplinarrechtlich geahndet werden könnte (Näheres siehe Kapitel 9).

Die Umsetzung ist – mangels Außenwirkung – kein Verwaltungsakt. Vielmehr ist der Beamte als in einem „besonderen Pflichtenverhältnis“ stehende Person nur im Betriebsverhältnis betroffen. Bei einer Abordnung/Versetzung dagegen findet ein Eingriff in das Grundverhältnis statt, weswegen dies einen VA darstellt.

Dabei muss die Umsetzung von einem **dienstlichen Grund** (z. B. höherer Personalbedarf, Umstrukturierung, Wahrung des Betriebsfriedens) getragen sein.

Eine Umsetzung erfolgt also – im Gegensatz zur Abordnung und Versetzung – stets **innerhalb einer Dienststelle.** Kennen Sie noch den Dienststellenbegriff aus Nr. 6.1?

> Wiederholung:
> **Dienststelle** ist jede organisatorisch verselbständigte Verwaltungseinheit, die – mit persönlichen und sächlichen Mitteln ausgestattet – einen örtlich und gegenständlich abgrenzbaren Aufgabenbereich versieht.

Dabei kann der Dienst**ort** gleich bleiben (z. B. Umsetzung vom Gewerbeamt im Erdgeschoss zum Bauamt im Dachgeschoss). In diesen Fällen besteht kein gesetzliches Mitbestimmungsrecht des Personalrates.

Möglich ist aber auch eine Umsetzung, die mit einem **Wechsel des Dienstortes** verbunden ist. Dies ist im Kommunalbereich häufig der Fall, z. B. bei einem Wechsel vom Landratsamt Bad Hersfeld zur Außenstelle Rotenburg. Hintergrund ist, dass die gesamte Kreisverwaltung Hersfeld-Rotenburg (= Gemeindeverband) als eine gemeinsame Dienststelle zu qualifizieren ist, vgl. den personalvertretungsrechtlichen Dienststellenbegriff in § 7 Abs. 1 Satz 2 HPVG. Während ein solcher Wechsel also im Volksmund oftmals als „Versetzung“ bezeichnet wird, handelt es sich in Wirklichkeit um eine Umsetzung.

Eine Umsetzung erfolgt in der Praxis meist dauerhaft; sie kann aber – z. B. bei vorübergehendem Personalengpass in einer Abteilung – auch für einen bestimmten Zeitraum erfolgen.

Bei Umsetzungen hat der **Personalrat** mitzubestimmen, wenn sie länger als sechs Monate andauern und mit einem Wechsel des Dienstortes verbunden ist, § 77 Abs. 1 Nr. 1 Buchst. d, § 69 Abs. 1 HPVG.

Ist eine solche Umsetzung wegen fehlender Zustimmung des Personalrates rechtswidrig, so muss sie rückgängig gemacht werden.

Die **Frauenbeauftragte** ist bei mitbestimmungspflichtigen Umsetzungen natürlich auch zu beteiligen, § 16 Abs. 1 Satz 2 Nr. 2 HGlG.

Hat der Beamte infolge der Umsetzung einen **weiteren Weg** zu seinem Dienstort zurückzulegen, so ist dieser Nachteil stets gegen das Interesse des Dienstherrn an einer ordnungsgemäßen Aufgabenerledigung abzuwägen. In einem vom Bundesverwaltungsgericht am 21.06.2012 gefassten Beschluss wurde eine Umsetzung mit Verlagerung des Dienstortes um 90 km (!) als rechtmäßig angesehen (Einzelfallentscheidung).

Dient die Umsetzung allein dazu, den Beamten zu „bestrafen", so liegt nach Entscheidung des OVG Bremen ein Ermessensfehlgebrauch vor (Urteil vom 23.07.2014 – 2 A 324/11 –).

Die komplette Änderung des Aufgabenbereichs eines Beamten durch „Organisationsverfügung" stellt das BVerwG der Umsetzung im Übrigen gleich.

Keine Umsetzungen sind dagegen die bloße Zuteilung eines anderen Dienstraumes, die Verlegung der Behörde an einen anderen Ort oder eine Änderung der innerbehördlichen Organisationsstruktur. Auch reicht es nicht aus, wenn der Gewerbesachbearbeiter künftig auch für das Gaststättenrecht zuständig sein soll.

6.4 Zuweisung

Werden Dienststellen oder Teile von ihnen privatisiert, so stellt sich das Problem, dass z. B. die neu gegründete GmbH keine Dienstherrnfähigkeit besitzt, vgl. § 2 BeamtStG, § 2 HBG. Oftmals soll aber gerade auf das Fachwissen erfahrener Beamter zurückgegriffen werden. Hier hilft uns das in § 20 BeamtStG geregelte Instrument der Zuweisung:

Der Beamte bleibt im Beamtenverhältnis zu seinem Dienstherrn, ihm wird aber kraft Verwaltungsakt vorübergehend eine Tätigkeit bei einem Dritten (nämlich der GmbH) zugewiesen. Die Zuweisung unterscheidet sich von der Abordnung dadurch, dass der neue Tätigkeitsbereich des Beamten nicht bei demselben oder einem anderen Dienstherrn eingerichtet ist, sondern gerade bei einem Dritten ohne Dienstherreneigenschaft.

Innerhalb des § 20 BeamtStG wird unterschieden in die Zuweisung

- mit Zustimmung des Beamten (Abs. 1) und
- ohne Zustimmung des Beamten (Abs. 2).

Während der Zuweisung bleibt die Rechtsstellung des Beamten im Übrigen unberührt, d. h. er bleibt Beamter (z. B. auf Lebenszeit) mit Anspruch auf seine gesetzliche Besoldung.

Auch bleibt z. B. der Landrat sein Dienstvorgesetzter. Jedoch ist es zweckmäßig, dass der Dienstherr das fachliche Weisungsrecht auf den Dritten überträgt. Dem Dritten, z. B. einer neu gegründeten Klinik GmbH, obliegt dann z. B. das fachliche Weisungsrecht, die Gewährung von Erholungsurlaub, die Genehmigung von Dienstreisen usw.

Ergänzend regelt § 3 Abs. 6 Satz 3 HBG, dass die Zuständigkeit für die Entscheidung über eine Zuweisung regelmäßig bei der obersten Dienstbehörde liegt (siehe hierzu Nr. 1.6 Buchst. b).

Beispielhafte Zusammenfassung:
Ein Beamter der Stadt Frankfurt am Main …

- arbeitet vorübergehend für die Gemeinde Dreieich → Abordnung
- arbeitet dauerhaft bei der Gemeinde Dreieich → Versetzung
- arbeitet in einem anderen Dezernat der Stadtverwaltung → Umsetzung
- arbeitet in einer GmbH ohne Dienstherreneigenschaft → Zuweisung.

6.5 Wirkung von Widersprüchen

Nach § 80 Abs. 1 VwGO hat ein (Anfechtungs-)widerspruch grundsätzlich „aufschiebende Wirkung", d.h. er darf nicht vollzogen werden. Nach § 80 Abs. 2 Nr. 3 VwGO hat ein Widerspruch jedoch ausnahmsweise keine aufschiebende Wirkung, wenn dies bundes- oder landesgesetzlich geregelt ist.
§ 54 Abs. 4 BeamtStG bestimmt in diesem Zusammenhang, dass ein Widerspruch gegen eine **Abordnung** oder **Versetzung** keine aufschiebende Wirkung hat.

Ein Finanzbeamter aus Kassel, der zum Finanzamt Gießen versetzt wird, müsste zur Erlangung der aufschiebenden Wirkung seines Widerspruchs zusätzlich einen Antrag beim Verwaltungsgericht nach § 80 Abs. 5 VwGO stellen. Hat er hiermit keinen Erfolg, so muss er der Versetzung somit trotz Einlegung eines zulässigen Widerspruchs zunächst Folge leisten.

Anders ist die Rechtslage bei einer Umsetzung und bei einer Zuweisung: Hier hat auf Grund der eindeutigen Formulierung des § 54 Abs. 4 BeamtStG ein Widerspruch stets aufschiebende Wirkung, § 80 Abs. 1 VwGO.

Möchte der Dienstherr den Eintritt der aufschiebenden Wirkung wirksam verhindern, so muss er die sofortige Vollziehung der Maßnahme anordnen, § 80 Abs. 2 Nr. 4 VwGO.

7. Besoldungsrecht

Folge der Föderalismusreform II ist u.a., dass die deutschen Bundesländer die Besoldung ihrer Landes-, Körperschafts- und Kommunalbeamten selbst regeln dürfen. Wir sprechen an dieser Stelle vom „Besoldungsföderalismus". In Deutschland existieren somit 17 verschiedene Besoldungsgesetze (Bund und 16 Länder). Nachstehend wird ausschließlich das **hessische** Besoldungsrecht thematisiert.

Geregelt ist die Besoldung im Hessischen Besoldungsrecht (HBesG). Nach § 2 Abs. 1 HBesG wird die Besoldung der Beamten durch Gesetz geregelt. Nach § 2 Abs. 3 HBesG darf der Beamte auf die ihm zustehende Besoldung nicht verzichten (dies schon aus Gründen der Korruptionsprävention).

Nach § 3 Abs. 1 HBesG entsteht mit dem Tag des Wirksamwerdens der Ernennung ein **Anspruch** des Beamten auf Besoldung, welcher gemäß Abs. 2 bis zum Ausscheiden aus dem Dienstverhältnis besteht.

Der Beamte erhält seine ihm zustehende Besoldung stets monatlich **im Voraus,** § 3 Abs. 5 HBesG.

Im Falle von **Teilzeitbeschäftigung** steht dem Beamten nur der anteilige Anspruch zu, § 6 HBesG.

Bleibt der Beamte schuldhaft dem Dienst fern, so führt dies nach § 8 HBesG zu einem entsprechenden Verlust der Bezüge. Dies ist durch VA festzustellen.

Bei **Überzahlung** verweist § 12 HBesG im Wesentlichen auf die Bestimmungen des BGB (§§ 812 ff.).

Unter Beachtung des Alimentationsprinzips (vgl. Nr. 1.5.2) regelt § 16 HBesG, dass die Besoldung regelmäßig durch Gesetz angepasst wird.

7.1 Die Bestandteile der Besoldung

Die monatliche (Brutto-)besoldung eines hessischen Beamten besteht regelmäßig aus den folgenden Bestandteilen:

Die Bestandteile der monatlichen Besoldung in Hessen

- Grundgehalt,
- Allgemeine Stellenzulage,
- Familienzuschlag,
- Grundbetrag (5 %),
- Sonderbetrag für Kinder,
- Vermögenswirksame Leistungen.

Nachstehend werden die einzelnen Bestandteile näher kommentiert:

7.2 Das Grundgehalt

Der wichtigste Bestandteil der Besoldung ist das Grundgehalt.

Es ergibt sich aus der Besoldungsgruppe und der Stufe.

Die zurzeit aktuelle Tabelle der Grundgehälter (Besoldungsordnung A) befindet sich in Anlage 1 zu diesem Buch (Seite 135).

7.2.1 Die Besoldungsgruppe

Zunächst regelt § 21 HBesG den „Grundsatz der sachgerechten Stellenbewertung". In diesem Zusammenhang ist auch § 26 HBesG zu nennen, wonach Beförderungsämter nur dann eingerichtet werden dürfen, wenn sie sich von den Ämtern der niedrigeren Besoldungsgruppe nach der Wertigkeit und Funktion <u>wesentlich</u> abheben.

Die Besoldungsgruppe bestimmt sich sodann nach der Besoldungsgruppe des verliehenen Amtes, § 22 Abs. 1 HBesG. Siehe hierzu die Übersicht in Nr. 5.4 (Seite 66).

Ein Obersekretär hat somit Anspruch auf Besoldung nach Besoldungsgruppe A 7, ein Amtmann nach Besoldungsgruppe A 11 usw.

Nach § 23 Abs. 2 HBesG wird unterschieden zwischen

- der Besoldungsordnung A (aufsteigende Gehälter) und
- der Besoldungsordnung B (feste Gehälter, z. B. Besoldungsgruppe B 2).

Die **Eingangsämter** der drei Laufbahngruppen der Besoldungsgruppe A sind in § 25 Abs. 1 HBesG aufgeführt, nämlich

- A 6 im mittleren Dienst,
- A 9 im gehobenen Dienst und
- A 13 im höheren Dienst.

In jeder Besoldungsgruppe der Besoldungsordnung A gibt es acht Stufen. Aber welche Stufe gilt für welchen Beamten? Hier gab es früher (in Hessen bis zum 28.02.2014) das sog. Besoldungsdienstalter (BDA), welches aber im neuen Besoldungsrecht aus Gründen der Altersdiskriminierung keine Rolle mehr spielt.

7.2.2 Die Stufen des Grundgehalts bei Einstellung

7.2.2.1 Allgemeines

Gemäß § 28 Abs. 2 HBesG wird für den Beamten mit der ersten Ernennung mit Anspruch auf Dienstbezüge (Anmerkung: keine Anwärterbezüge!) ein Grundgehalt der **Stufe 1** festgesetzt. Dabei wird die Stufe mit Wirkung des Ersten des Monats festgesetzt, in dem die Ernennung wirksam wird.

<u>Beispiel:</u>
Ein Inspektoranwärter (BaW) wird am 28.08.2015 zum Inspektor (BaP) ernannt.

➔ Er erhält in der Zeit bis einschließlich 27.08.2015 Anwärterbezüge und ab dem 28.08.2015 ein Grundgehalt der Besoldungsgruppe A 9 (vgl. § 59 HBesG). Für ihn wird die Stufe 1 mit Wirkung vom 01.08.2015 festgesetzt. Dies entspricht zurzeit monatlich 2.316,71 €.
Dabei spielt das Lebensalter des Beamten keine Rolle.

Die **Stufenlaufzeit** in den einzelnen Stufen richtet sich nach § 28 Abs. 3 HBesG.

<u>Übersicht zu § 28 Abs. 3 HBesG (Stufenlaufzeiten)</u>

Stufe	1	2	3	4	5	6	7	8
Stufenlaufzeit	2 Jahre	3 Jahre	3 Jahre	3 Jahre	4 Jahre	4 Jahre	4 Jahre	Ziel
Erreichung nach …Jahren		2 Jahren	5 Jahren	8 Jahren	11 Jahren	15 Jahren	19 Jahren	**23 Jahren**

Der Inspektor in dem obigen Beispiel steigt somit nach zwei Jahren, also am 01.08.2017, in Stufe 2 auf. Dort verbleibt er drei Jahre usw.

§ 28 Abs. 4 HBesG beinhaltet die Möglichkeit der Gewährung einer sog. **Leistungsstufe**. Die Entscheidung hierüber trifft nach Abs. 5 regelmäßig die oberste Dienstbehörde.

Bei „Schlechtleistung" oder Langzeiterkrankung dagegen sind keine besoldungsrechtlichen Sanktionen normiert.

7.2.2.2 Erfahrungszeiten nach § 29 Abs. 1 Satz 1

Aber nicht jeder Beamte beginnt bei seiner Einstellung mit Stufe 1. § 28 Abs. 2 Satz 1 HBesG lässt nämlich die Möglichkeit zu, dass Erfahrungszeiten nach § 29 Abs. 1 HBesG anerkannt werden.

Nach § 29 Abs. 1 Satz 1 Nr. 1 HBesG werden vor allem Zeiten einer **gleichwertigen** hauptberuflichen Tätigkeit **im öffentlichen Dienst** zwingend als Erfahrungszeiten anerkannt. Die Gleichwertigkeit einer hauptberuflichen Tätigkeit ist zu bejahen, wenn sie ihrer Bedeutung, d.h. Wertigkeit bzw. Schwierigkeit nach mindestens der jeweiligen Laufbahngruppe entspricht. Dagegen ist die bisherige konkrete Fachrichtung und Funktion unerheblich.

War also z.B. ein Verwaltungsbeamter des gehobenen Dienstes vor seiner ersten Ernennung mit Dienstbezügen schon zwei Jahre als Soldat im mittleren Dienst tätig, so scheidet eine Anerkennung nach § 29 Abs. 1 Satz 1 Nr. 1 HBesG aus. Zu prüfen wäre in diesem Fall eine Anerkennung nach § 29 Abs. 1 Satz 2 HBesG (siehe Nr. 7.2.2.3).

Hätte der Beamte aber Zeiten einer gleichwertigen hauptberuflichen Tätigkeit im öffentlichen Dienst vorzuweisen, so findet eine zwingende Anerkennung dieser Zeiten statt. Ein Ermessensspielraum des Dienstherrn besteht hier nicht.

<u>Beispiel:</u>
Der Verwaltungsbeamte aus dem obigen Beispiel war zuvor 6 Jahre als Verwaltungsfachangestellter (EG 9 TVöD) im öffentlichen Dienst beschäftigt.

➔ In diesem Fall erfolgt eine **Anerkennung** als Erfahrungszeit. Auf die konkrete Fachrichtung und Funktion der Beschäftigungszeit im Arbeitsverhältnis kommt es nicht an. Maßgeblich ist einzig die Wertigkeit (hier: EG 9 = gehobener Dienst).

➔ Bei der Frage, ob die gesamten 6 Jahre anzuerkennen sind, kommt es maßgeblich darauf an, ob der Beamte zuvor die **Laufbahnprüfung** des gehobenen Dienstes absolviert hat. Ist dies der Fall (berufsbegleitender Besuch der Hessischen Hochschule für Polizei und Verwaltung), werden 6 Jahre angerechnet (hier wäre übrigens auch die Unterschreitung der laufbahnrechtlichen Mindestprobezeit möglich, vgl. Nr. 5.5.1). Der Beamte startet direkt in Besoldungsgruppe A 9, Stufe 3 HBesG.

➔ Anderenfalls besteht die Möglichkeit, als **anderer Bewerber** verbeamtet zu werden, vgl. Nr. 5.9. In diesem Fall fordert § 35 HLVO eine vierjährige hauptberufliche Tätigkeit. Diese 4 Jahre können nicht als Erfahrungszeit anerkannt werden, § 29 Abs. 1 Satz 1 Nr. 1 (... die nicht Voraussetzung für den Erwerb der Laufbahnbefähigung sind ...). Im Ergebnis würden in diesem Fall (6 minus 4 =) 2 Jahre anerkannt werden. Der Beamte startet sofort in Besoldungsgruppe A 9, Stufe 2 HBesG.

Weitere Fälle der zwingenden Anerkennung sind in § 29 Abs. 1 Satz 1 Nr. 2 bis 4 aufgeführt (bitte lesen).

7.2.2.3 Erfahrungszeiten nach § 29 Abs. 1 Satz 2

Neben den zwingend anzuerkennenden Zeiten regelt § 29 Abs. 1 Satz 2 die Möglichkeit, weitere Zeiten hauptberuflicher Tätigkeit ganz oder teilweise als Erfahrungszeit anzuerkennen, soweit diese für die Verwendung **„förderlich"** sind.

Infrage kommen hier Zeiten inner- und außerhalb des öffentlichen Dienstes. Die Entscheidung über die Förderlichkeit der hauptberuflichen Zeiten hat bei den künftig auszuübenden Tätigkeiten anzuknüpfen. Näheres siehe § 29 Abs. 1 Satz 3 HBesG.

Die Entscheidung der Anerkennung hat nach pflichtgemäßem **Ermessen** zu erfolgen, § 40 HVwVfG.

Beispiel: Der Beamte aus dem obigen Beispiel hat zuvor ein Jahr als Rettungssanitäter (EG 6 TVöD) gearbeitet.

➔ Eine Anerkennung nach § 29 Abs. 1 Satz 1 Nr. 1 scheidet aus (keine Gleichwertigkeit).

➔ Ist die Tätigkeit als Rettungssanitäter förderlich (z. B. weil der Beamte im Gesundheitsamt eingesetzt werden soll), so kann eine Anerkennung (ggf. teilweise) erfolgen. Hier hat der Dienstherr Ermessen (beachte aber die Selbstbindung der Verwaltung).

7.2.2.4 Anerkennung von Qualifikationen

§ 29 Abs. 1 Satz 6 HBesG ermöglicht in besonderen Einzelfällen die Anerkennung besonderer Qualifikationen (z. B. Steuerberater).

7.2.2.5 Rundung von Zeiten

Alle nach § 29 Abs. 1 HBesG anerkannten Zeiten sind zu addieren und auf volle Monate **aufzurunden,** § 29 Abs. 1 Satz 8 HBesG.

Beispiel:

Einem Beamten werden die folgenden Zeiten anerkannt:

15.01.2003 bis 03.09.2006	=	3 Jahre	7 Monate	19 Tage
10.09.2006 bis 10.09.2007	=	1 Jahr		1 Tag
31.10.2007 bis 31.12.2013	=	6 Jahre	2 Monate	1 Tag
	=	10 Jahre	9 Monate	21 Tage.

Gerundet auf volle Monate ergibt sich eine Erfahrungszeit von 10 Jahren und 10 Monaten. Dieser Beamte beginnt somit nicht in Stufe 1, sondern – unter Berücksichtigung der o. g. Erfahrungszeit – in Stufe 4 seiner Besoldungsgruppe.

7.2.2.6 Weiterer Stufenaufstieg

Der weitere Stufenaufstieg richtet sich nach § 28 Abs. 3 Satz 1 HBesG, wonach ein Beamter regelmäßig nach **23 Jahren** die Endstufe erreicht. In unserem Beispielsfall (Anerkennung von gerundet 10 Jahren und 10 Monaten) erreicht der Beamte folglich nach weiteren zwei Monaten die Stufe 5 (dann 11 Jahre, vgl. § 28 Abs. 3 Satz 1 HBesG).

Dies könnte z. B. ein Beamter sein, der aus einem anderen Bundesland nach Hessen **versetzt** wird (siehe Nr. 6.2.2). In einem solchen Fall spielt die Stufe des Grundgehalts in dem anderen Bundesland keine Rolle. Vielmehr erfolgt eine Einstufung nach hessischem Recht.

Spätere **Beförderungen** haben indes keinerlei Auswirkungen auf die Stufe. Zum Beispiel bleibt ein Oberinspektor, welcher 30 Monate in Besoldungsgruppe A 10 Stufe 3 HBesG verbracht hat, nach seiner Beförderung zum Amtmann noch weitere 6 Monate in Besoldungsgruppe A 11 Stufe 3, bevor er (nach insgesamt 36 Monaten in Stufe 3) nach Stufe 4 aufsteigt.

Auch eine **Versetzung** innerhalb Hessens (siehe Nr. 6.2.1) hat keine Auswirkung auf die Stufe des Grundgehalts und des weiteren Stufenaufstiegs.

7.2.2.7 Schriftliche Mitteilung

Nach § 28 Abs. 2 Satz 3 HBesG ist die Stufenfestsetzung dem Beamten **schriftlich mitzuteilen.** Diese Mitteilung stellt einen Verwaltungsakt im Sinne von § 35 Satz 1 HVwVfG dar. Ein solcher Verwaltungsakt ist beispielhaft in der Anlage 2 zu diesem Buch abgedruckt. Dabei handelt es sich um einen Formulierungsvorschlag des Verfassers (Seite 136).

7.2.3 Die Stufen des Grundgehalts bei Unterbrechung

Wie in Nr. 7.2.2.1 beschrieben, erreicht ein Beamter regelmäßig nach 23 Jahren seine Endstufe. Gemäß § 28 Abs. 3 Satz 2 HBesG **verzögern** jedoch **Zeiten ohne Anspruch auf Dienstbezüge den Aufstieg,** soweit in § 29 Abs. 2 HBesG nichts anderes bestimmt ist.

§ 29 Abs. 2 HBesG regelt insbesondere zwei für die Praxis wichtige Ausnahmen:

Nach Nr. 2 wird der Stufenaufstieg durch Zeiten einer **Kinderbetreuung** für jedes Kind nicht verzögert. Nimmt also z. B. ein Beamter, der Vater einer Tochter ist, für dieses Kind 2 Jahre Elternzeit und 2 Jahre Beurlaubung aus familiären Gründen (§ 64 HBG), so sind von diesen 4 Jahren 3 Jahre „stufenlaufzeitunschädlich“. Das vierte Jahr hingegen führt zu einer Verzögerung der Stufenlaufzeit. Im Ergebnis wird dieser Beamte die Endstufe (erst) nach 24 Jahren erreichen.

Sind beide Ehepartner hessische Beamte, so entsteht eine **Konkurrenzsituation.** Nimmt also der Vater 2 Jahre Elternzeit in Anspruch, so verbleibt für die Mutter nur noch ein Jahr. Diese Konkurrenzsituation tritt nach dem Sinnzusammenhang der Vorschrift wohl nicht ein, wenn ein Elternteil Beamter eines außerhessischen Dienstherrn ist.

Bei zwei oder mehr Kindern addieren sich die stufenlaufzeitunschädlichen Zeiten entsprechend. Bei acht Kindern wäre die Endstufe also rein rechnerisch auch ohne Arbeitsleistung erreicht.

Nach Nr. 3 HBesG gilt das Gleiche für Zeiten der tatsächlichen **Pflege** von nach ärztlichem Gutachten pflegebedürftigen nahen Angehörigen (ebenfalls bis zu drei Jahren für jeden nahen Angehörigen).

Im Falle einer Unterbrechung der Stufenlaufzeit empfiehlt es sich, dies dem Beamten schriftlich mitzuteilen. Auch diese Mitteilung stellt einen Verwaltungsakt im Sinne von § 35 Satz 1 HVwVfG dar. Ein solcher Verwaltungsakt ist beispielhaft in der Anlage 3 zu diesem Buch abgedruckt (Seite 138).

7.2.4 Überleitungsfälle

Die meisten der zurzeit aktiven hessischen Beamten wurden mit Wirkung vom 01.03.2014 **betragsmäßig** aus dem alten „BDA-System“ des Bundesbesoldungsgesetzes in das neue hessische System der Erfahrungsstufen übergeleitet. Daraus folgt, dass für sie keine nachträgliche Berechnung individueller Erfahrungszeiten vorzunehmen war. Je nach Einzelfall sind auf diese Weise zahlreiche Beamte in einer „Überleitungsstufe“ gelandet, aus der sie zum Zeitpunkt ihres eigentlichen „BDA-Aufstiegs“ in die dazu gehörige Stufe des Grundgehalts aufsteigen.

Beispiel:
A 9 Stufe 2 BBesG = 2.198,02 €
(betragsmäßige) Überleitung
nach A 9 ÜST 1 zu Stufe 1 = 2.199,00 €.

Andere Beamte sind direkt zum 01.03.2014 in eine (originäre) Stufe des Grundgehalts übergeleitet worden. Für sie gelten fortan die Stufenregelungen des § 28 Abs. 3 HBesG.

Beispiel:
A 8 Stufe 7 BBesG = 2.483,30 €
(betragsmäßige) Überleitung
nach A 8 Stufe 1 = 2.484,00 €.

Wegen weiterer Einzelheiten zu der mit zahlreichen Ausnahmen und Sonderregelungen versehenen Überleitung der hessischen Beamten wird auf den Gesetzestext des HBesVÜG (Artikel 4 des 2. DRModG) verwiesen. Praktiker beachten bitte insbesondere die bis 28.02.2018 geltende Sonderregelung für Beförderungen übergeleiteter Beamter (§ 3 Abs. 3 HBesVÜG).

7.2.5 Kommunale Wahlbeamte

Abweichend von den o.g. Ausführungen zur Stufenfindung gilt für hauptamtliche kommunale Wahlbeamte (z.B. **Bürgermeister**), deren Amt einer Besoldungsgruppe der Besoldungsordnung A zugeordnet ist, Folgendes: Für diesen Personenkreis richtet sich die Höhe des Grundgehalts nicht nach § 28 HBesG, sondern sie erhalten den Grundgehaltssatz der **Endstufe** ihrer jeweiligen Besoldungsgruppe. Rechtsgrundlage hierfür ist § 5 der „Verordnung zur Anpassung kommunalrechtlicher Verordnungen an das Zweite Dienstrechtsmodernisierungsgesetz vom 17.02.2014" (GVBl. S. 54 ff.).

7.3 Allgemeine Stellenzulage

Neben dem Grundgehalt können Beamte Zulagen nach den Bestimmungen der §§ 45 ff. HBesG erhalten.

Näheres zu den Stellenzulagen regeln die Vorbemerkungen II zu den Besoldungsordnungen A und B (Anlage I zum HBesG).

So ist z.B. die Polizeizulage in Nr. 6 dieser Vorbemerkungen II aufgeführt.

Die wohl wichtigste Stellenzulage ist in Nr. 13 dieser Vorbemerkungen II genannt: die **Allgemeine Stellenzulage.**

Die Höhe dieser Allgemeinen Stellenzulage richtet sich nach der Laufbahngruppe und der Besoldungsgruppe. Dabei finden Sie die entsprechenden Beträge in Anlage VII zum HBesG (siehe dort Nr. 13). Derzeit gelten – bezogen auf den allgemeinen Verwaltungsdienst – folgende Monatsbeträge:

Nr. 13 Abs. 1

Nr. 1 mittlerer Dienst	
Buchst. a) A 6 bis A 8	19,28 €,
Buchst. b) A 9	75,42 €,
Nr. 2 gehobener Dienst	83,83 €,
Nr. 3 höherer Dienst A 13	83,83 €.

Besonders klausurrelevant ist dabei die Besoldungsgruppe A 9:
Ein Amtsinspektor erhält 75,42 €, ein Inspektor hingegen 83,83 €.

Beamten des höheren Dienstes steht ab der Besoldungsgruppe **A 14** keine Allgemeine Stellenzulage zu.

Die zurzeit aktuelle Tabelle der hessischen Stellenzulagen befindet sich in Anlage 4 zu diesem Buch (Seite 139).

7.4 Der Familienzuschlag

Neben dem Grundgehalt und der Allgemeinen Stellenzulage steht Beamten unter bestimmten Voraussetzungen ein Familienzuschlag zu. Hintergrund ist das Alimentationsprinzip (vgl. Nr. 1.5.2), wonach der Dienstherr den Beamten amtsangemessen zu unterhalten hat. Dabei sind finanzielle Belastungen für den Unterhalt einer Familie zu berücksichtigen.

Ein verheirateter Beamter mit Kindern erhält so quasi einen Ausgleich für die familienbedingten Mehrkosten.

Die genauen Spielregeln des Familienzuschlags sind in §§ 42 bis 44 HBesG aufgeführt.

Die entsprechenden Beträge beinhaltet Anlage 5 zum HBesG in seiner jeweiligen Fassung (siehe Anlage 5 zu diesem Buch, Seite 141).

Lassen Sie uns diesen „dritten Baustein" der Beamtenbesoldung nun strukturiert betrachten:

7.4.1 Die Stufe 1

Zunächst prüfen wir, ob der Beamte Anspruch auf Stufe 1 im Familienzuschlag hat. Hierzu ist § 43 Abs. 1 HBesG maßgebend.

Zur Stufe 1 (derzeit 123,92 € monatlich bei Vollzeit) gehören vier Personengruppen:

1. verheiratete Beamte ...

Nicht ausreichend ist eine langjährige eheähnliche Partnerschaft zwischen Mann und Frau.

2. verwitwete Beamte

Nach dem Tod des Ehegatten soll nach den Vorstellungen des Gesetzgebers kein Nachteil im Familienzuschlag eintreten. Heiratet der verwitwete Beamte erneut, so richtet sich sein Anspruch auf Familienzuschlag nicht nach Nr. 2, sondern fortan nach Nr. 1 des § 43 Abs. 1 HBesG.

3. geschiedene Beamte ... wenn sie aus der Ehe ... zum Unterhalt ... verpflichtet sind

Nicht ausreichend ist eine Ehescheidung. Vielmehr muss eine Verpflichtung des Beamten aus der Ehe (regelmäßig durch Scheidungsurteil) bestehen, wonach er mindestens zum Unterhalt in Höhe der Stufe 1 des Familienzuschlags (zurzeit 123,92 €) verpflichtet ist.

Beispiel: Ein Beamter reicht ein Scheidungsurteil ein, wonach er zum Unterhalt an seine Ex-Frau in Höhe von monatlich 50 € verpflichtet ist.

➔ Ein Anspruch auf Familienzuschlag der Stufe 1 besteht nicht, weil die Voraussetzungen des § 43 Abs. 1 Nr. 3 nicht erfüllt sind. Zu prüfen wäre in diesem Fall § 43 Abs. 1 Nr. 4 (siehe unten).

4. andere Beamte ... , die eine andere Person nicht nur vorübergehend in ihre Wohnung aufgenommen haben und ihr Unterhalt gewähren, weil sie gesetzlich ... dazu verpflichtet sind.

Hierunter fallen vor allem die allein erziehenden Beamten. Diese haben eine andere Person, nämlich ihr Kind, dauerhaft in ihren Haushalt aufgenommen und gewähren ihm Unterhalt.

Allerdings enthält das Gesetz eine Einschränkung: Dies gilt ... nicht, wenn für das Kind Mittel zur Verfügung stehen, die ... das Sechsfache des Betrages der Stufe 1 übersteigen.

Das Sechsfache der Stufe 1 beträgt zurzeit 123,92 € x 6 = 743,52 €.

Beispiel: Für ein Kind steht dem allein erziehenden Vater ein Kindesunterhalt von monatlich 300 € zur Verfügung. Daneben erhält er das gesetzliche Kindergeld (weil das Kind bei ihm wohnt) und eine sog. Kinderstufe (siehe hierzu Nr. 7.4.2).

Rechnung:
300,00 € Unterhalt
184,00 € Kindergeld (Achtung: Anhebung gesetzlicher Beträge vorgesehen)
105,99 € Kinderstufe
589,99 € < 743,52 €.

➔ Für das Kind steht nicht mehr als das Sechsfache der Stufe 1 zur Verfügung. Damit besteht Anspruch auf Stufe 1 des Familienzuschlags nach § 43 Abs. 1 Nr. 4 HBesG.

Weiteres Beispiel: Wie oben, aber diesmal steht dem allein erziehenden Vater ein monatlicher Unterhaltsbetrag von 500 € zur Verfügung.

Rechnung:
500,00 € Unterhalt
184,00 € Kindergeld
105,99 € Kinderstufe
789,99 € > 743,52 €.

➔ Für das Kind steht mehr als das Sechsfache der Stufe 1 zur Verfügung. Damit besteht kein Anspruch auf Stufe 1 des Familienzuschlags nach § 43 Abs. 1 Nr. 4 HBesG (… dies gilt nicht, wenn …).

Lesen Sie hierzu noch einmal den genauen Wortlaut des § 43 Abs. 1 Nr. 4 HBesG und versuchen Sie, die o. g. Beispiele genau nachzuvollziehen.

Alles klar? Gut, dann steigern wir uns nun:

7.4.1.1 Ehegattenkonkurrenz

Wie in Nr. 7.4.1 beschrieben, erhalten z. B. verheiratete Beamte – neben dem Grundgehalt und der Allgemeinen Stellenzulage – Familienzuschlag der Stufe 1. Für Ehen, in denen beide Ehepartner Anspruch auf diese Stufe 1 haben, weil beide z. B. in einem Beamtenverhältnis zu einem hessischen Dienstherrn stehen, beinhaltet § 43 Abs. 4 HBesG eine sog. „Ehegattenkonkurrenz". Im Ergebnis erhalten beide Ehegatten den Familienzuschlag der Stufe 1 **zur Hälfte.**

Beispiel: Herr Müller ist Beamter der hessischen Gemeinde Alheim. Seine Ehefrau ist Beamtin des Landes Hessen.

➔ In diesem Fall steht jedem Ehepartner der Familienzuschlag der Stufe 1 zur Hälfte (123,92 € / 2 = jeweils 61,96 €) zu. Zusammen wird das Ehepaar nicht schlechter gestellt als ein Ehepaar, in dem nur ein Ehepartner im Beamtenverhältnis steht.

Steht der andere Ehepartner dagegen als **TVöD**-Beschäftigter im öffentlichen Dienst, so sind die Voraussetzungen des § 43 Abs. 4 HBesG nicht erfüllt. Dies gilt auch für den TV-

Hessen und den TV-Länder. Im Ergebnis erhält also der verbeamtete Ehegatte die volle Stufe 1 des Familienzuschlages.

Nach Satz 2 des § 43 Abs. 4 HBesG wird unter den dort beschriebenen Voraussetzungen (bitte lesen!) die halbe Stufe 1 des Familienzuschlages bei **Teilzeitbeschäftigung** nicht zeitanteilig, sondern voll gezahlt.

Auf das o. g. Beispiel bezogen, bedeutet dies, dass die dort genannten Beträge auch z. B. dann maßgebend wären, wenn beide Ehepartner mit 50 % der gesetzlichen Arbeitszeit **teilzeitbeschäftigt** wären. Zwar werden die sonstigen Gehaltsbestandteile (z. B. Grundgehalt, Allgemeine Stellenzulage) gemäß § 6 HBesG stets zeitanteilig gewährt, dies gilt aber nicht für die Stufe 1 des Familienzuschlags. Somit erhält jeder Ehegatte die „halbe Stufe 1 voll" (61,96 € pro Person).

7.4.2 Die Kinderstufen

Die Absätze 2 und 3 des § 43 HBesG befassen sich mit dem Anspruch auf Kinderstufen. Gemäß der Tabelle in Anlage VII des HBesG erhält ein Beamter zurzeit

105,99 € für das erste Kind,
105,99 € für das zweite Kind,
330,24 € für das dritte Kind (!),
330,24 € für das vierte Kind usw.
Bei z. B. fünf Kindern stehen fünf Kinderstufen, somit 1.202,70 € zu.

Abs. 2 regelt die Kinderstufen derjenigen Beamten, die der Stufe 1 des Familienzuschlags angehören.
Ein verheirateter Beamter erhält somit Stufe 1 des Familienzuschlags (§ 43 Abs. 1 Nr. 1 HBesG) und bei Geburt des ersten Kindes zusätzlich eine Kinderstufe (§ 43 Abs. 2 HBesG). Dabei ist es unerheblich, ob er selbst oder seine Ehefrau das gesetzliche Kindergeld erhält.

Abs. 3 regelt die Kinderstufen derjenigen Beamten, die nicht der Stufe 1 des Familienzuschlags angehören.

Hierunter fällt z. B. der allein erziehende Beamte, dem ein zu hoher Unterhalt für sein Kind zusteht (§ 43 Abs. 1 Nr. 4 HBesG, vgl. Nr. 7.4.1). Auch wenn er keinen Anspruch auf die Stufe 1 hat, so steht ihm in jedem Fall eine Kinderstufe (das Gesetz spricht vom Unterschiedsbetrag zwischen der Stufe 1 und ... , was aber im Ergebnis dasselbe bedeutet) zu.

7.4.2.1 Kinderkonkurrenz

Ähnlich der in Nr. 7.4.1.1 beschriebenen Ehegattenkonkurrenz hinsichtlich der Stufe 1 des Familienzuschlags beinhaltet § 43 Abs. 5 HBesG eine Regelung zur „Kinderkonkurrenz". Hierunter fallen beispielsweise zwei miteinander verheiratete Beamte mit einem gemeinsamen Kind, von denen grundsätzlich beide Anspruch auf eine Kinderstufe haben. Aber auch Ehen, in denen ein Ehepartner Beamter und der andere Ehepartner als Beschäftigter im öffentlichen Dienst eine sog. Besitzstandszulage (vgl. § 11 TVÜ-VKA, § 11 TVÜ-H) erhält, sind vom Geltungsbereich der Regelung erfasst. In diesen Fällen wird die Kinderstufe grundsätzlich demjenigen Elternteil gezahlt, der das **Kindergeld** tatsächlich erhält.

Erhält die Mutter für die beiden älteren Geschwister das Kindergeld und der mit ihr im Haushalt lebende Vater (beide Beamte) das Kindergeld für das dritte Kind, so erhalten zunächst beide Ehepartner die halbe Stufe 1 (siehe Nr. 7.4.1.1), und zusätzlich erhält die Mutter zwei Kinderstufen (2 x 105,99 €), während dem Vater die Kinderstufe für das dritte Kind zusteht (330,24 €).

Fällt das älteste Kind aus dem Kindergeldbezug heraus (z. B. wegen Beendigung der Berufsausbildung), so erhält die Mutter – neben der halben Stufe 1 – nur noch 1 x 105,99 € und der Vater ebenfalls (durch den Wegfall von Kindergeld rücken die beiden jüngeren Geschwister jeweils auf).

Nach Satz 4 des § 43 Abs. 5 HBesG wird unter den dort beschriebenen Voraussetzungen die Kinderstufe bei **Teilzeitbeschäftigung** nicht zeitanteilig, sondern voll gezahlt.

Beispiel: Beide Ehegatten sind hessische Landesbeamte. Er ist vollzeitbeschäftigter Inspektor, sie ist teilzeitbeschäftigte Oberinspektorin (50 % der gesetzlichen Arbeitszeit). Sie erhält das Kindergeld für das gemeinsame Kind.

➔ Er erhält Stufe 1 des Familienzuschlags zur Hälfte, somit 61,96 €.

➔ Sie erhält ebenfalls die Stufe 1 des Familienzuschlags zur Hälfte. Daneben erhält sie die **volle** Kinderstufe in Höhe von 105,99 €, weil ihr Ehemann vollzeitbeschäftigter Beamter in Hessen ist. Insgesamt erhält sie also einen monatlichen Familienzuschlag in Höhe von (61,96 € + 105,99 € =) 167,95 €.

Um Ihr Fachwissen in Bezug auf den Familienzuschlag zu überprüfen, bearbeiten Sie bitte Fall 10 im Übungsteil.

7.4.3 Änderungszeitpunkt

§ 44 HBesG regelt, ab welchem Zeitpunkt die einzelnen Stufen des Familienzuschlags zustehen bzw. nicht mehr zustehen.

Nach Satz 1 wird der Familienzuschlag vom Ersten des Monats an gezahlt, in den das hierfür maßgebende Ereignis fällt. Bei einer Eheschließung am 30. Juni steht die Stufe 1 des Familienzuschlags somit ab dem 1. Juni zu. Weil der Beamte sein Gehalt jeweils monatlich im Voraus erhält (§ 3 Abs. 5 HBesG), erfolgt in der Praxis eine entsprechende Rückrechnung (hier: im Abrechnungsmonat August rückwirkend ab 1. Juni).

Nach Satz 2 wird der Familienzuschlag nicht mehr gezahlt für den Monat, in dem die Anspruchsvoraussetzungen an keinem Tage vorgelegen haben.

Beispiel: Ein kinderloser Beamter lässt sich mit Wirkung vom 2. Juli scheiden, es besteht keine Unterhaltsverpflichtung aus der Ehe.

➔ Für den Monat Juli besteht noch Anspruch auf Stufe 1 des Familienzuschlags (§ 43 Abs. 1 Nr. 1 HBesG), weil er an einem Tag die Voraussetzungen erfüllt hat. Ab dem Monat August hingegen besteht kein Anspruch auf Familienzuschlag mehr.

Auch in derartigen Fällen erfolgen in der Praxis entsprechende Rückrechnungen.

7.5 Das Hessische Sonderzahlungsgesetz

Eine Besonderheit im hessischen Besoldungsrecht stellt das Hessische Sonderzahlungsgesetz (HSZG) dar. Es beinhaltet im Wesentlichen die weiteren Gehaltsbestandteile

- Grundbetrag (Nr. 7.5.1),
- Sonderbetrag für Kinder (Nr. 7.5.2) und
- jährlicher Festbetrag (7.5.3).

Nach § 3 HSZG werden der Grundbetrag und der Sonderbetrag für Kinder monatlich im Voraus gezahlt. Der jährliche Festbetrag wird nur im Abrechnungsmonat Juli gezahlt.

7.5.1 Der Grundbetrag

Das HSZG entstand historisch aus einer – der tariflichen Jahressonderzahlung ähnlichen – gesetzlichen Sonderzahlung für Beamte. Nach einer bis 2003 geltenden Regelung erhielten Beamte eine Sonderzuwendung (im Volksmund „Weihnachtsgeld“ genannt) in Höhe von zuletzt 60 % eines Monatsgehalts.

Aus diesen jährlich zustehenden 60 % entstand ab dem Jahr 2004 ein monatlicher Gehaltsbestandteil in Höhe von (60 % / 12 =) **5 %**.

Nach § 5 Abs. 2 HSZG erhalten hessische Beamte also zusätzlich zu Grundgehalt, Allgemeiner Stellenzulage und Familienzuschlag einen Grundbetrag in Höhe von 5 %.

Beispiel:
Ein verheirateter Inspektor wird eingestellt. Er erhält
2.316,71 € Grundgehalt (A 9, Stufe 1),
83,83 € Allgemeine Stellenzulage (Nr. 13 Abs. 1 Nr. 2) und
123,92 € Familienzuschlag (Stufe 1).

Hieraus bilden wir eine Zwischensumme: 2.524,46 €. Hiervon erhält der Beamte zusätzlich einen monatlichen Grundbetrag in Höhe von 5 %, somit 126,22 €.
Im Ergebnis wären dies 2.650,68 € brutto (zzgl. VL).

Bei jeder **Änderung** im Grundgehalt (z. B. Beförderung, Stufenaufstieg, Teilzeit), bei der Allgemeinen Stellenzulage und im Familienzuschlag (z. B. Eheschließung, Geburt eines Kindes) ändert sich automatisch auch der monatliche Grundbetrag.

7.5.2 Der Sonderbetrag für Kinder

Ebenfalls historisch gewachsen ist der Sonderbetrag für Kinder. In einer früheren Regelung erhielten Beamte zusätzlich zur jährlichen Sonderzuwendung pro Kind 50,– DM. Hieraus entstanden im Rahmen der Währungsumstellung 25,56 €. Deshalb beträgt der monatlich zustehende Sonderbetrag für Kinder heute (25,56 €/12 =) 2,13 € (§ 6 HSZG).

Dieser Sonderbetrag für Kinder steht dem Beamten für jedes Kind zu, für das er eine Kinderstufe im Familienzuschlag erhält. Bei fünf Kindern erhält der Beamte somit 5 Kinderstufen (siehe Nr. 7.4.2) und zusätzlich 5 x 2,13 € = 10,65 €.

7.5.3 Der jährliche Festbetrag

§ 7 HSZG regelt schließlich für Beamte der Besoldungsgruppen bis A 8 HBesG einen jährlichen Festbetrag in Höhe von 166,17 €. Dies ist die Nachfolgeregelung des früheren Urlaubsgeldes für Beamte. Für Beamte ab der Besoldungsgruppe A 9 HBesG hat diese Bestimmung keinerlei Auswirkungen.

7.6 Vermögenswirksame Leistungen

Der letzte Bestandteil der Besoldung, der in diesem Buch behandelt wird, sind die vermögenswirksamen Leistungen (VL), die in §§ 64, 65 HBesG geregelt sind. Bei Vorlage z. B. eines Bausparvertrages erhält der vollzeitbeschäftigte Beamte eine monatliche VL in Höhe von 6,65 €.

Beamte auf Widerruf im Vorbereitungsdienst erhalten unter den Voraussetzungen des § 65 Abs. 2 HBesG monatlich 13,29 €.

Zur Abrundung des Kapitels 7 bearbeiten Sie bitte die Fälle 11 und 12 im Übungsteil.

8. Rechte und Pflichten

8.1 Allgemeines

Das Beamtenverhältnis als öffentlich-rechtliches Dienst- und Treueverhältnis ist insbesondere geprägt durch gesteigerte Pflichten des Beamten. Er ist seinem Dienstherrn untergeordnet. (Zum Vergleich: Der Arbeitnehmer begegnet seinem Arbeitgeber „auf Augenhöhe", vgl. z. B. § 105 GewO.) Im Gegenzug werden dem Beamten auch besondere Rechte eingeräumt, z. B. zeitlich „unbegrenzte" Gehaltsfortzahlung im Krankheitsfall.

Die wichtigsten Rechte und Pflichten hessischer Beamter werden nachfolgend dargestellt:

8.2 Rechte der Beamten

- **Anspruch auf Fürsorge und Schutz (§ 45 BeamtStG)**
  Der Dienstherr hat
  - den Beamten gegen unberechtigte Vorwürfe in Schutz zu nehmen,
  - ihn entsprechend seiner Eignung und Befähigung zu fördern und
  - bei dienstlichen Entscheidungen die berechtigten Interessen des Beamten in gebührender Weise zu berücksichtigen.

  Dieser hergebrachte Grundsatz des Berufsbeamtentums (Art. 33 Abs. 5 GG) soll als „Auffangnorm" die Lückenlosigkeit des Systems der Rechte der Beamten gewährleisten. Er kommt überall dort zur Anwendung, wo spezialgesetzlich nichts geregelt ist. Daneben ist er richtungweisend für die Auslegung einzelner Bestimmungen (z. B. bei der Ermessensausübung).

- Anspruch auf **Alimentation** nach Art. 33 Abs. 5 GG:
  Siehe z. B. Ansprüche auf Besoldung nach dem HBesG, auf Versorgung nach dem HBeamtVG und auf Beihilfe nach der HBeihVO.

- ·Recht auf Führung einer Amtsbezeichnung § 58 HBG.

- Recht auf **Dienstzeugnis** § 59 HBG.
- Recht auf **Teilzeitbeschäftigung** § 43 BeamtStG, §§ 62, 63 HBG (siehe hierzu auch Fall 13 im Übungsteil).
- Anspruch auf **Erholungsurlaub** § 44 BeamtStG, §§ 69, 70 HBG sowie HUrlVO. Ein freiwilliger Urlaubsverzicht des Beamten ist nicht möglich. Näheres siehe Nr. 8.2.1.
- Recht auf Ausübung einer **Nebentätigkeit** § 40 BeamtStG, §§ 71 ff. HBG. Siehe hierzu auch Nr. 8.2.2.
- Mutterschutz und Elternzeit § 82 HBG, siehe HMuSchEltZVO.
- (Jugend-)Arbeitsschutz § 83 HBG.
- Jubiläumszuwendung § 84 HBG, siehe Dienstjubiläumsverordnung – JVO.
- Recht auf Einsichtnahme in die Personalakte § 50 BeamtStG, § 89 HBG.
- Personalvertretungs- und Koalitionsrecht §§ 51–53 BeamtStG, §§ 94, 95 HBG.

Übungsaufgaben rund um die Rechte der Beamten finden Sie im Fall 14 im Übungsteil.

8.2.1 Recht auf Urlaub

Auch Beamte haben Anspruch auf Erholungsurlaub. Zwar gilt das BUrlG für diesen Personenkreis nicht (vgl. § 1 BUrlG), dafür aber die nachstehend aufgeführten Bestimmungen. Im Unterschied zum Arbeitsrecht entfällt die Differenzierung in gesetzlichen und tariflichen Urlaub; auch sind zahlreiche Urteile der Arbeitsgerichte auf Beamte schlichtweg nicht anwendbar.

Die Gewährung bzw. Versagung von Erholungsurlaub gegenüber einem Beamten stellt einen **Verwaltungsakt** im Sinne von § 35 Satz 1 HVwVfG dar, gegen den der Beamte ggf. Widerspruch erheben kann (§ 68 Abs. 1 Satz 2 VwGO i.V.m. § 54 Abs. 2 Satz 1 BeamtStG).

Im Einzelnen gilt Folgendes:

- § 44 BeamtStG verpflichtet die Länder, Urlaubsregelungen zu treffen.
- In Hessen gilt § 69 Abs. 1 HBG, der den Urlaubsanspruch für Landes-, Körperschafts- und Kommunalbeamte dem Grunde nach sicherstellt.
- § 70 HBG ermächtigt die Landesregierung, das Nähere zu regeln.

- § 5 Abs. 1 HUrlVO gewährt Beamten **30 Tage** Erholungsurlaub im Kalenderjahr. Dies gilt bei der üblichen 5-Tage-Woche; ansonsten entsprechend, z. B. 24 Tage bei einer 4-Tage-Woche.

- Für über 50-jährige Beamte enthält § 17 Abs. 1 HUrlVO eine Besitzstandsregelung, wonach diese **33 Tage** Erholungsurlaub im Kalenderjahr erhalten. In diese Regelung wachsen auch die Beamten bis einschließlich Geburtsjahrgang 1969 schrittweise hinein (vorausgesetzt, sie fallen seit mindestens 31.12.2013 unter den Geltungsbereich des HBG).

  Ein in 1969 geborener Beamter erhält also ab dem Urlaubsjahr 2019 einen Erholungsurlaub von 33 Tagen. Für seinen um ein Jahr jüngeren Kollegen gilt dies nicht. Für **Anwärter** gilt abweichend ein gesonderter Urlaubsanspruch von 27 Tagen (zur Regelung bei Übernahme vgl. § 7 Abs. 3 HUrlVO).

- § 6 HUrlVO beinhaltet eine sechsmonatige **Wartezeit**.

- § 7 Abs. 1 HUrlVO regelt die Anrechnung bei unterjährigem **Dienstherrnwechsel**, danach ist u. U. auch eine „Nachgewährung“ nicht genommenen Urlaubs möglich (im Gegensatz zum Arbeitsrecht).

- Eine dem § 5 BUrlG vergleichbare Regelung kennt das Beamtenrecht nicht. Dafür bestimmt § 8 Abs. 1 HUrlVO bei Erreichen der gesetzlichen Altersgrenze (§ 33 HBG) im **ersten** Kalenderhalbjahr einen Urlaubsanspruch von sechs Zwölfteln und im **zweiten** Kalenderhalbjahr von zwölf Zwölfteln.

  <u>Beispiel:</u> Ein im Februar 1951 geborener Verwaltungsbeamter vollendet die für ihn maßgebende Altersgrenze 65/5 (vgl. § 33 Abs. 3 HBG) im Juli 2016 und tritt mit Ablauf des 31.07.2016 in den Ruhestand. Er erhält den vollen Erholungsurlaub, somit 33 Tage. Dies gilt nach dem Wortlaut der Vorschrift jedoch nicht bei sonstigem Ausscheiden (z. B. wegen Dienstunfähigkeit oder auf Antrag gemäß § 35 HBG).

- § 9 Abs. 2 HUrlVO beinhaltet eine automatische **Übertragung** nicht beanspruchten Urlaubs bis zum 30.09. des Folgejahres. Bei Beurlaubung ohne Dienstbezüge beachte die besondere Übertragungsregelung des § 9 Abs. 4 HUrlVO (bis 31.12. des Folgejahres).

- Lange Zeit war es strittig, ob Beamten ein **Abgeltungsanspruch** für krankheitsbedingt nicht realisierten Erholungsurlaub bei Ausscheiden zustehen kann. In seinem Urteil vom 31.01.2013 – 2 C 10.12 – hat das BVerwG einem Beamten einen solchen Abgeltungsanspruch zuerkannt, und zwar unmittelbar aus Art. 7 Abs. 2 der EU-Urlaubsrichtlinie. Dieser Anspruch wird allerdings begrenzt auf den unionsrechtlichen Mindesturlaub von vier Wochen (20 Tage bei Vollzeit) im Kalenderjahr. Darüber hinausgehende Urlaubstage (z. B. nach § 125 SGB IX) führen nicht zu einer Erhöhung dieses Abgeltungsanspruches (im Unterschied zum Arbeitsrecht!). Etwaig genommener Resturlaub aus dem Vorjahr wird angerechnet.

Beispiel: Ein Beamter auf Lebenszeit hat 12 Tage Resturlaub + 33 Tage aus dem laufenden Jahr. Er nimmt die 12 Tage Resturlaub und 5 Tage aus dem laufenden Jahr, bevor er am Jahresende wegen Dienstunfähigkeit ausscheidet. Er hat einen Abgeltungsanspruch von (20 – 12 – 5 =) 3 Tagen.

- § 12 HUrlVO gewährt für Heilkuren einen Anspruch auf Urlaub unter Fortzahlung der Besoldung.
- Während § 125 SGB IX gemäß § 128 Abs. 4 SGB IX unmittelbar auch für Beamte gilt (zum fehlenden Abgeltungsanspruch siehe oben), beinhaltet § 13 HUrlVO einen Zusatzurlaub für **behinderte Menschen** (GdB von 25 bis 49) von bis zu drei Tagen im Jahr.
- § 15 HUrlVO ermöglicht die Gewährung von **Sonderurlaub** ohne Besoldung bei Vorliegen eines wichtigen Grundes (z. B. Fortbildung, Studium), bei dienstlichem Interesse ausnahmsweise sogar unter Weitergewährung der Besoldung, Abs. 2.
- Schließlich bietet § 16 HUrlVO die Möglichkeit zur Erteilung von **Dienstbefreiung.** Diese Regelungen gelten ergänzend auch für Arbeitnehmer des öffentlichen Dienstes, § 1 Abs. 2 HUrlVO.

8.2.2 Recht auf Ausübung einer Nebentätigkeit

Vor dem Hintergrund des § 34 Satz 1 BeamtStG, wonach sich Beamte mit „vollem persönlichen Einsatz“ ihrem Beruf zu widmen haben, sind Nebentätigkeiten nur unter bestimmten Voraussetzungen möglich:

- Nebentätigkeiten bedürfen der vorherigen Genehmigung durch den Dienstherrn bzw. sind anzeigepflichtig.
- Zu unterscheiden ist zwischen Nebenamt (öffentlich-rechtliches Dienst- oder Amtsverhältnis im öffentlichen Dienst, z. B. als Dozent an einem Verwaltungsseminar des HVSV) und Nebenbeschäftigung (jede sonstige Tätigkeit innerhalb oder außerhalb des öffentlichen Dienstes, z. B. als Handballtrainer oder Kellner).
- Die Ausübung von Nebentätigkeiten ist gemäß § 73 Abs. 1 HBG regelmäßig **genehmigungspflichtig** (dagegen gilt für Beschäftigte des öffentlichen Dienstes die Anzeigepflicht nach § 3 Abs. 3 TVöD / TV-H).
- Selbstverständlich haben Nebentätigkeiten regelmäßig **außerhalb** der Arbeitszeit stattzufinden.
- Nach § 73 Abs. 2 HBG ist die Genehmigung beispielsweise zu versagen, wenn sie die Arbeitskraft des Beamten zu stark in Anspruch nimmt (beachte Fünftelregelung des § 73 Abs. 2 Satz 3 HBG) oder in Widerstreit zu seinen dienstlichen Pflichten steht.

- Die Genehmigung bzw. Versagung einer Nebentätigkeit stellt einen **Verwaltungsakt** im Sinne von § 35 Satz 1 HVwVfG dar. Dieser bedarf der Schriftform (§ 75 Satz 1 HBG), ist auf längstens 5 Jahre zu befristen und kann mit Auflagen und Bedingungen versehen werden (vgl. § 36 Abs. 1 Satz 1 HVwVfG i. V. m. § 73 Abs. 3 Satz 1 HBG).

- Im Falle einer Versagung steht es dem Beamten frei, (Verpflichtungs-)**Widerspruch** einzulegen, § 54 Abs. 2 BeamtStG. Ein solcher Widerspruch hat keine aufschiebende Wirkung, sodass die Nebentätigkeit zunächst nicht ausgeübt werden darf.

- Bereits genehmigte Nebentätigkeiten können auch <u>widerrufen</u> werden (§ 73 Abs. 3 Satz 2 HBG), z. B. wenn sich herausstellt, dass der Beamte völlig übermüdet am Arbeitsplatz erscheint und seine dienstlichen Pflichten vernachlässigt.

- Bei Verstoß gegen das Nebentätigkeitsrecht drohen dem Beamten auch **disziplinarrechtliche** Folgen. Wer z. B. während einer Dienstunfähigkeit wiederholt einer Nebentätigkeit nachgeht, verstößt eklatant gegen seine beamtenrechtlichen Pflichten (Dienstvergehen nach § 47 BeamtStG) und läuft Gefahr, aus dem Beamtenverhältnis entfernt zu werden (Näheres siehe Kapitel 9).

- Lediglich **anzeigepflichtig** sind die in § 74 HBG aufgeführten Tätigkeiten, z. B. künstlerische Vortragstätigkeiten; hierunter fällt allerdings nicht die Tätigkeit eines Sängers in einer Tanzkapelle, der somit einer vorherigen Genehmigung seiner Nebentätigkeit bedarf.

- Für ehemalige Beamte und **Ruhestandsbeamte** gilt § 78 HBG.

- Nähere Verfahrensvorschriften zum Nebentätigkeitsrecht befinden sich in der auf Grundlage des § 79 HBG erlassenen **NVO.**

8.3 Pflichten der Beamten

Die allen Staatsbürgern garantierten Grundrechte stehen auch Beamten zu. Einschränkungen dieser Grundrechte sind im Rahmen des Art. 33 Abs. 5 GG aber möglich. Wo ein Grundrecht mit einem „hergebrachten Grundsatz“ kollidiert, stoßen geschützte Rechtsgüter aufeinander. Hier gilt es, einen „schonenden Ausgleich“ zu erzielen.

Die wichtigsten Pflichten der hessischen Beamten sind:

- **Verfassungstreuepflicht** § 33 Abs. 1 Satz 2 und 3 BeamtStG
  Alle Beamten sind verpflichtet, sich jederzeit durch ihr gesamtes (auch außerdienstliches) Verhalten zur freiheitlichen demokratischen Grundordnung (FDGO, vgl. Nr. 2.2.1) zu bekennen und für ihre Erhaltung einzutreten.
  Diese Treuepflicht ist das „Gegenstück“ zur Fürsorgepflicht des Dienstherrn.

- Pflicht zur **Unparteilichkeit** § 33 Abs. 1 Satz 1 BeamtStG
  Der Beamte ist Diener des ganzen Volkes, nicht einer einzelnen Partei (Neutralitätspflicht).

- **Mäßigung und Zurückhaltung** bei politischer Tätigkeit § 33 Abs. 2 BeamtStG
  Zwar hat auch der Beamte das Recht auf politische Betätigung; er darf also in jeder demokratischen Partei aktiv sein. Jedoch ist jede parteipolitische Betätigung im Dienstgebäude unzulässig.

- **Streikverbot**
  Der Beamte ist kein Arbeitnehmer. Sein Dienstverhältnis ist öffentlich-rechtlich geregelt, d. h. es gelten für die ihm zustehenden Leistungen keine tariflichen, sondern gesetzliche Vorschriften. Ein Streik würde daher auf die Änderung von Gesetzen gerichtet sein müssen. Damit wäre das Gesetzgebungsrecht des hessischen Landtags berührt. Schon deshalb, aber auch wegen der Verfassungstreuepflicht (siehe oben), steht dem Beamten nach h. M. kein Streikrecht zu.

- **Voller persönlicher Einsatz** § 34 Satz 1 BeamtStG
  Der Beamte muss seine volle Arbeitskraft in das Beamtenverhältnis einbringen. Er muss seine Lebensverhältnisse unter Zurückstellung anderer Interessen diesem Ziel unterordnen. Daraus folgt z. B. auch die Pflicht, seine Gesundheit zwecks Stärkung der Arbeitskraft zu erhalten.

  Siehe hierzu auch
  – Hessische Arbeitszeitverordnung (HAZVO: 42-Stunden-Woche)
  – Pflicht zur Leistung von Mehrarbeit ohne Vergütung, § 61 HBG
  – Unerlaubtes Fernbleiben vom Dienst: Verlust der Dienstbezüge, § 8 HBesG

- **Diensteid § 38 BeamtStG**
  Mit dem Diensteid, den jeder Beamte leisten muss, wird die besondere Verpflichtung des Beamten gegenüber dem Staat und seinem Dienstherrn verdeutlicht. Der genaue Wortlaut des Diensteides ist § 47 Abs. 1 HBG zu entnehmen, alternativ kommt auch ein Gelöbnis infrage, § 47 Abs. 3 HBG. Die Ablegung des Diensteides stellt die erste Handlung des Beamten nach Wirksamwerden seiner Ernennung dar. Mit dem Eid bestätigt der Beamte, seine Pflichten gewissenhaft zu erfüllen. Weigert sich der Beamte, den Diensteid (bzw. das Gelöbnis) zu leisten, so muss er entlassen werden, § 23 Abs. 1 Nr. 1 BeamtStG.

- Pflicht zur Übernahme einer **Nebentätigkeit** § 72 HBG
  So kann ein Beamter z. B. zur Mitarbeit in einem Prüfungsausschuss verpflichtet werden; eine Weigerung hätte ein Dienstvergehen nach § 47 BeamtStG zur Folge, welches disziplinarrechtlich verfolgt werden könnte. Näheres hierzu siehe Kapitel 9.

- Pflicht zur **Uneigennützigkeit**, Verbot der Annahme von Belohnungen und Geschenken § 42 BeamtStG, § 51 HBG.

- **Gehorsamspflicht/Remonstration** §§ 35, 36 BeamtStG
  Wesentliches Merkmal des Beamtenverhältnisses ist die Gehorsamspflicht. Im Gegensatz zu einem Richter ist der Beamte weisungsgebunden. Gemäß § 35 BeamtStG muss er seinen Vorgesetzten beraten und unterstützen, deren dienstliche Anordnungen ausführen und die allgemeinen Richtlinien befolgen.
  Begrenzt wird die Gehorsamspflicht durch das **Remonstrationsrecht** nach § 36 Abs. 2 und 3 BeamtStG. Der Beamte muss nur rechtmäßigen Anordnungen nachkommen. Ist dies zweifelhaft, gilt Folgendes: Bedenken gegen die Rechtmäßigkeit sind beim unmittelbaren Vorgesetzten geltend zu machen. Wird die Anordnung von diesem bestätigt, bestehen die Bedenken aber fort, so muss sich der Beamte an den nächsthöheren Vorgesetzten wenden. Bestätigt auch dieser die Anordnung, so muss der Beamte die Anordnung ausführen. Die Bestätigung muss auf Verlangen schriftlich erteilt werden. Der Beamte ist dann von der eigenen Verantwortung befreit. Auch bei Bestätigung durch den nächsthöheren Vorgesetzten muss der Beamte die Anordnung jedoch dann nicht ausführen, wenn sie eine strafbare oder ordnungswidrige Handlung darstellt. Bei Gefahr im Verzug gilt ein abgekürztes Verfahren.

- **Amtsverschwiegenheit**, Aussageverbot, Auskünfte an die Presse, Herausgabe dienstlicher Unterlagen § 37 BeamtStG i. V. m. § 46 HBG

- Innerdienstliche **Wohlverhaltenspflicht** § 34 Satz 3 BeamtStG
  Der Beamte ist Helfer des Staatsbürgers. Er muss den Bürger stets höflich und korrekt behandeln. Jeder Bürger hat das Recht, etwaiges Fehlverhalten eines Beamten mit einer Dienstaufsichtsbeschwerde zu beanstanden.

- Pflicht zum **Schadensersatz** § 48 BeamtStG

- Pflichten für Beamte im **Ruhestand**
  Manche beamtenrechtliche Pflichten sind so bedeutsam, dass sie das aktive Beamtenverhältnis überdauern, z. B. die Amtsverschwiegenheit und das Verbot der Annahme von Belohnungen und Geschenken.

- **Außerdienstliche** Pflichten § 34 Satz 3 BeamtStG
  Das Dienst- und Treueverhältnis des Beamten ist nicht auf die Dienstzeit begrenzt, es strahlt auch auf den außerdienstlichen privaten Bereich aus.
  Zwar ist der Beamte nicht etwa „24 Stunden täglich im Dienst"; gleichwohl kommt ihm eine gewisse Vorbildfunktion für die Gesellschaft zu.

9. Disziplinarrecht

9.1 Allgemeines

Welche Sanktionen drohen bei Pflichtverletzung?

Unsere Rechtsordnung reagiert bei Pflichtverletzungen höchst unterschiedlich:

Im **Strafrecht** sind im StGB zahlreiche Tatbestände und mögliche Rechtsfolgen geregelt:

- Bei Raub (§ 249 StGB) droht z. B. eine Freiheitsstrafe nicht unter einem Jahr,
- bei schwerem Raub (§ 250 StGB) droht eine Freiheitsstrafe nicht unter drei Jahren und
- bei Raub mit Todesfolge (§ 251 StGB) droht eine Freiheitsstrafe nicht unter zehn Jahren.

Im **Ordnungswidrigkeitsrecht** droht z. B. bei unzulässigem Lärm (§ 117 OWiG) eine Geldbuße von bis zu 5.000 €.

Im **Arbeitsrecht** stehen die Instrumente „Abmahnung" und „Kündigung" zur Verfügung, vgl. § 1 KSchG.

Im **Beamtenrecht** ist § 47 BeamtStG i. V. m. den Disziplinargesetzen der Länder maßgebend. Zweck dieser Vorschriften ist nicht etwa die Bestrafung der Beamten, sondern deren Erziehung (!) zu einem amtsgemäßen Verhalten.

Nach § 47 BeamtStG begehen Beamte ein **„Dienstvergehen"**, wenn sie schuldhaft die ihnen obliegenden Pflichten verletzen. Dies kann während des Dienstes, aber auch außerhalb des Dienstes (z. B. Unfallflucht eines betrunkenen Polizeibeamten) geschehen.

In der Presse liest man immer wieder von bemerkenswerten disziplinarrechtlichen Einzelfällen:

Aus der Presse:

Verbotene Liebe im Frauenknast

Eine 31-jährige Justizvollzugsbeamtin, die im Kaufunger Frauengefängnis ein intimes Verhältnis mit einer Gefangenen hatte, ist aus dem Beamtenverhältnis entlassen worden … (Quelle: HNA vom 23.03.2011)

Das Disziplinarrecht erfüllt dabei im Wesentlichen drei Funktionen:

Die Funktionen des Disziplinarrechts

- **Lösungsfunktion**
  (Beendigung des Beamtenverhältnisses bei schwerwiegenden Verfehlungen),
- **Ordnungsfunktion**
  (der Beamte wird angehalten, seine Pflichten gewissenhaft zu erfüllen) und
- **Schutzfunktion**
  (der Beamte wird vor willkürlichen Angriffen durch Vorgesetzte geschützt).

9.2 Das Hessische Disziplinargesetz

Die Pflichten der Beamten sind in den §§ 33 ff. BeamtStG sowie in den §§ 45 ff. HBG geregelt, siehe Nr. 8.3.

Verletzen Beamte schuldhaft die ihnen obliegenden Pflichten, so begehen sie also ein **„Dienstvergehen“**, § 47 Abs. 1 BeamtStG. Daraus folgt der Grundsatz der „Einheit des Dienstvergehens“, wonach auch bei Verletzung mehrerer Dienstpflichten nur ein Dienstvergehen vorliegt.

„Schuldhaft“ bedeutet vorsätzlich oder fahrlässig, § 276 BGB. **Vorsätzlich** handelt, wer mit Wissen und Wollen handelt. **Fahrlässig** handelt, wer die im Verkehr erforderliche Sorgfalt außer Acht lässt.

Gemäß § 47 Abs. 3 BeamtStG regeln die Disziplinargesetze der Länder das Nähere über die Verfolgung von Dienstvergehen. Auch hier haben wir in Deutschland also wieder 17 verschiedene Gesetze zur Regelung gleichartiger Sachverhalte. Aber das kennen wir ja schon vom Personalvertretungs-, Laufbahn- und Besoldungsrecht.

Für in Hessen tätige Beamte, die unter den Geltungsbereich des HBG fallen, ist das Hessische Disziplinargesetz (HDG) anzuwenden.

Dieses Gesetz sieht folgendes Verfahren vor:

- **Verdacht** eines Dienstvergehens,
- **Einleitung** eines Disziplinarverfahrens (§ 20 HDG),
- Anhörung des Beamten, **Ermittlungen** (§§ 23, 24 HDG).

Als Beweismittel kommen insbesondere infrage: Auskünfte von Vorgesetzten und Kollegen, Zeugenaussagen, Gutachten von Sachverständigen, Urkunden, Akten sowie die persönliche Inaugenscheinnahme.

Wegen der besonderen Bedeutung von Disziplinarverfahren sind diese beschleunigt durchzuführen, § 7 HDG.

Nach Abschluss der Ermittlungen gibt es drei Möglichkeiten:

- **Einstellung** des Verfahrens (z. B. wegen Geringfügigkeit) gemäß § 36 HDG,
- behördliche Disziplinar**verfügung** gemäß § 37 HDG oder
- gerichtliche Disziplinar**klage** (§§ 38, 57 HDG).

9.3 Die Disziplinarmaßnahmen

Das HDG regelt die nachstehenden Disziplinarmaßnahmen:

- **Behördliches Verfahren**

  a) Verweis
  Der Verweis nach § 9 HDG ist ein schriftlicher Tadel. Von ihm abzugrenzen ist jede negative mündliche Äußerung eines Vorgesetzten. Der Verweis wird im Rahmen einer (behördlichen) Disziplinarverfügung erlassen. Zuständig ist der Dienstvorgesetzte, also z. B. der Bürgermeister, vgl. § 37 Abs. 1 und 2 HDG.

  b) Geldbuße
  Eine Geldbuße nach § 10 HDG kann bis zur Höhe der monatlichen Dienstbezüge verhängt werden. Die Geldbuße wird ebenfalls im Rahmen einer (behördlichen) Disziplinarverfügung erlassen. Zuständig ist auch hier der Dienstvorgesetzte, vgl. § 37 Abs. 1 und 2 HDG.

  c) Kürzung der Dienstbezüge
  Eine Kürzung der Dienstbezüge nach § 11 HDG ist um höchstens 20 % für längstens 3 Jahre möglich. Während des Kürzungszeitraums besteht ein Beförderungsverbot

des Beamten, § 11 Abs. 4 HDG. Auch die Kürzung der Dienstbezüge wird im Rahmen einer (behördlichen) Disziplinarverfügung erlassen. Zuständig ist auch hier der Dienstvorgesetzte, vgl. § 37 Abs. 1 und 2 HDG.

- **Gerichtliches Verfahren**

d) Zurückstufung
Die Zurückstufung nach § 12 HDG ist die Versetzung in ein Amt derselben Laufbahn mit geringerem Grundgehalt. Diese Frage entscheidet jedoch letztlich nicht der Dienstvorgesetzte im Rahmen einer behördlichen Disziplinarverfügung (siehe a bis c), sondern das **Verwaltungsgericht** Wiesbaden nach vorheriger Erhebung einer Disziplinarklage, § 38 Abs. 1, § 50 HDG.

Beispiel: Ein Amtmann kann zu einem Oberinspektor oder zu einem Inspektor (gehobener Dienst) zurückgestuft werden. Eine Zurückstufung zu einem Amtsinspektor (mittlerer Dienst) scheidet dagegen aus.

Diese Disziplinarmaßnahme kommt demnach nicht infrage für Beamte, die sich im Eingangsamt (§ 20 Abs. 1 Satz 1 HBG, § 25 Abs. 1 HBesG) befinden.

Eine (erneute) Beförderung kommt frühestens nach fünf Jahren infrage, vgl. § 12 Abs. 3 HDG.

e) Entfernung aus dem Beamtenverhältnis
Diese besonders harte Disziplinarmaßnahme ist in § 13 HDG geregelt. Auch hier ist das Verwaltungsgericht Wiesbaden nach vorheriger Erhebung einer Disziplinarklage zuständig.
Für die betroffenen Beamten bedeutet diese Disziplinarmaßnahme den Verlust des Anspruchs auf Dienstbezüge und Versorgung.

Disziplinarmaßnahmen gegen Ruhestandsbeamte sind:

f) Kürzung des Ruhegehalts im Rahmen einer behördlichen Disziplinarverfügung (§ 14)

und

g) Aberkennung des Ruhegehalts nach Erhebung einer Disziplinarklage (§ 15).

Für Beamte auf **Widerruf** und Beamte auf **Probe** können nur
a) Verweis und
b) Geldbuße
verhängt werden, § 8 Abs. 3 HDG.

Bei schwerwiegenden Dienstvergehen dieses Personenkreises, die eigentlich mindestens c) eine Kürzung der Dienstbezüge zur Folge haben müssten, kann eine Entlassung ausgesprochen werden. Rechtsgrundlage hierfür ist § 8 Abs. 3 Satz 2 HDG i.V.m. § 23 Abs. 3 Satz 1 Nr. 1 BeamtStG, § 29 Abs. 4 HBG für Beamte auf Probe bzw. § 23 Abs. 4 BeamtStG, § 29 Abs. 5 HBG für Beamte auf Widerruf. Näheres siehe Nr. 10.2.2.2.

Die **Einleitung** eines Disziplinarverfahrens erfolgt nicht etwa nach pflichtgemäßem Ermessen, sondern zwingend (**Legalitätsprinzip,** § 20). Zuständig ist regelmäßig der Dienstvorgesetzte, also z.B. der Bürgermeister.

Sollte der Bürgermeister selbst bzw. ein Beigeordneter seine Amtspflichten gröblich verletzt haben, so gilt § 75 Abs. 1 HGO, wonach die Gemeindevertretung die Einleitung des Disziplinarverfahrens bei der Aufsichtsbehörde beantragen kann. Für Landräte und Kreisbeigeordnete gilt § 48 Abs. 1 HKO.

Gemäß § 16 HDG ergeht sodann die konkrete Entscheidung über eine Disziplinarmaßnahme (ja oder nein, ggf. welche Maßnahme) nach pflichtgemäßem Ermessen (**Opportunitätsprinzip,** siehe Nr. 9.4).

Im Falle eines Verweises, einer Geldbuße, der Kürzung der Dienstbezüge bzw. des Ruhegehalts wird eine behördliche **„Disziplinarverfügung"** erlassen, § 37 Abs. 1 HDG. Diese Verfügung (= Verwaltungsakt im Sinne von § 35 Satz 1 HVwVfG) ist zu begründen und zuzustellen, § 37 Abs. 6 HDG.

Von besonderer praktischer Bedeutung ist § 17 Abs. 1 Nr. 1 HDG, welcher das Verbot der Doppelbestrafung beinhaltet: Ist gegen einen Beamten im Straf- oder Bußgeldverfahren unanfechtbar eine Strafe, Geldbuße oder Ordnungsmaßnahme verhängt worden, so darf wegen desselben Sachverhalts
a) ein Verweis,
b) eine Geldbuße oder
f) eine Kürzung des Ruhegehalts
nicht ausgesprochen werden.

Nicht erfasst von diesem Verbot der Doppelbestrafung sind demnach die folgenden Disziplinarmaßnahmen:

- Kürzung der Dienstbezüge,
- Zurückstufung,
- Entfernung aus dem Beamtenverhältnis.

In der Praxis wird vor diesem Hintergrund nicht selten eine **„missbilligende Äußerung"** nach § 9 Satz 2 HDG ausgesprochen, welche keine Disziplinarmaßnahme darstellt.

Eine solche missbilligende Äußerung kommt nach Ansicht des Verwaltungsgerichts Wiesbaden z.B. im Falle eines Lehrers in Betracht, der im Sportunterricht einer Schülerin mit einem Kugelschreiber einen Strich auf den bloßen Arm gezogen hatte. Als Ergebnis des daraufhin eingeleiteten Disziplinarverfahrens hatte ihm das Staatliche Schulamt zunächst einen Verweis erteilt. Nach erfolgloser Durchführung des Widerspruchsverfahrens hat das Gericht mit Urteil vom 30.06.2014 – 28 K 484/12. WI. D – den Verweis für rechtswidrig erklärt. Zwar stelle das Verhalten des Lehrers eine Verletzung der Wohlverhaltenspflicht (§ 34 Satz 3 BeamtStG) dar. Gleichwohl sei hier die Schwelle der disziplinaren Relevanz nicht erreicht worden, sodass die Verhängung eines Verweises als nicht erforderlich angesehen wurde.

Zur **Vernichtung** disziplinarer Unterlagen vgl. § 19 HDG (bei missbilligender Äußerung vgl. z. B. § 19 Abs. 5 HDG, welcher auf die zweijährige Tilgungsfrist des § 91 Abs. 1 Satz 1 Nr. 2 HBG verweist).

9.4 Bemessung von Disziplinarmaßnahmen

Die Entscheidung, ob eine Disziplinarmaßnahme (und wenn ja: welche) ausgesprochen wird, ergeht nach pflichtgemäßem Ermessen (Opportunitätsprinzip, § 16 HDG). Es gibt also nicht – wie z. B. im Strafrecht – klare Rechtsfolgen für einzelne Pflichtverletzungen. Dies macht die Anwendung des Disziplinarrechts in der Praxis ausgesprochen schwierig.

Die Rechtsprechung hat im Laufe der Jahre folgende **allgemeine** Bemessungsparameter aufgestellt:

- **Grad** der Verletzung von Dienstpflichten,
- Grad der Schädigung des **Ansehens** des Berufsbeamtentums,
- Ausmaß der Störung des **Vertrauensverhältnisses,**
- Beachtung des Grundsatzes der **Verhältnismäßigkeit.**

Daneben können **besondere** Bemessungsparameter u. a. sein:

- **einmalige** persönlichkeitsfremde Augenblickstat (Kurzschlusshandlung),
- psychische Ausnahmesituation,
- Versagen im **Kernbereich,** z. B. Straftat eines Polizisten,
- gute dienstliche Leistungen,
- Verhalten nach der Tat (z. B. Einsicht und Reue).

<u>Beispiele</u> aus der Praxis:

Vergehen	Disziplinarmaßnahme
Ein Fußball-Weltmeister wird „geblitzt“ (74 km/h in 30er-Zone). Die gesetzliche Rechtsfolge wäre ein Führerscheinentzug. Ein 42-jähriger Oberkommissar (Fußballfan) entlastet ihn, indem er diese Fahrt als „Dienstfahrt“ angibt.	Entfernung aus dem Beamtenverhältnis (BV).
Ein Verwaltungsbeamter erhält ein Bußgeld wegen Trunkenheit am Steuer nach Feierabend.	Allenfalls Verweis denkbar. Wegen § 17 Abs. 1 HDG aber nur missbilligende Äußerung, § 9 Satz 2.
Ein Behördenleiter (A 13) hat intimes Verhältnis mit einer Putzfrau. Außerdem nehmen sie während der Dienstzeit alkoholische Getränke zu sich. Der Behördenleiter überredet die Putzfrau schließlich zu einer Falschaussage.	Zurückstufung zum Amtmann (A 11).
Ein Verwaltungsbeamter veranlasst aus nichtigem Anlass eine Feier in seinem Büro (10 bis 17 Uhr). Es werden alkoholische Getränke konsumiert. Zwischendurch erfolgt ein Dienstgang ohne „ausstempeln“.	Geldbuße 800 €.
Annahme von Bestechungsgeldern.	Entfernung aus dem BV.
Ein Postbeamter verletzt das Briefgeheimnis.	Entfernung aus dem BV (Versagen im Kernbereich).
Ein Bahnbeamter entwendet 7 Zug-Schlusslaternen und verkauft sie an eine Schrebergartenkolonie.	Entfernung aus dem BV (Versagen im Kernbereich).
Außerdienstlicher Diebstahl in besonders schwerem Fall.	Zurückstufung.
Diebstahl nach Feierabend im Warenhaus.	Kürzung der Dienstbezüge.
Führen privater Telefongespräche im Dienst.	Kürzung der Dienstbezüge.
Teilnahme an einem Streik.	Geldbuße.
Bemalen des Armes einer Schülerin mit einem Stift durch einen Lehrer.	Missbilligende Äußerung (keine Disziplinarmaßnahme).

Bei schweren Dienstvergehen kann der Beamte gemäß § 43 Abs. 1 HDG **vorläufig des Dienstes enthoben** werden. Dies mag in Einzelfällen sinnvoll sein, um Schaden von der Dienststelle abzuwenden.

Voraussetzung hierfür ist u. a., dass voraussichtlich auf Entfernung aus dem Beamtenverhältnis erkannt werden wird. Hierzu bedarf es einer Prognoseentscheidung. Die Entfernung muss dabei also wahrscheinlicher sein als der Verbleib im Beamtenverhältnis.

Parallel zur vorläufigen Dienstenthebung kann die zuständige Behörde unter den Voraussetzungen des § 43 Abs. 2 HDG anordnen, dass bis zu 50 % der monatlichen **Dienstbezüge einbehalten** werden.

Beispiel:
Der Polizist Klepto hat allem Anschein nach verbotenerweise 3.000 € eines Unfallopfers an sich genommen. Dieser Tatverdacht sorgt in der örtlichen Presse für großen Wirbel.

➔ Die Behörde leitet ein **Disziplinarverfahren** wegen des Verdachts eines Dienstvergehens ein. Sie erhebt nach ordnungsgemäßer Anhörung des Beamten **Disziplinarklage** vor dem Verwaltungsgericht Wiesbaden. Da bei derartigen „Zugriffsdelikten" regelmäßig auf Entfernung aus dem Beamtenverhältnis erkannt wird und kein Anhaltspunkt für eine Ausnahme vorliegt, entscheidet sich die Behörde für die **vorläufige Dienstenthebung.** Gleichzeitig ordnet sie an, 30 % der monatlichen **Dienstbezüge einzubehalten.** Dabei hat sie den Alimentationsgrundsatz zu beachten und den angemessenen und standesgemäßen Mindestbedarf des Beamten zu berücksichtigen. In diesem Zusammenhang empfiehlt sich eine vorherige Anhörung zu den wirtschaftlichen Verhältnissen des Beamten.

Bei Entfernung aus dem BV erfolgt eine **Nachversicherung** des ehemaligen Beamten in der gesetzlichen Rentenversicherung (jedoch nicht in der Zusatzversorgungskasse ZVK bzw. VBL) nach §§ 181 ff. SGB VI.

Wurde gegen den Beamten ein Disziplinarverfahren eingeleitet, so kann der Dienstherr eine geplante **Beförderung** zurückstellen (kein Anspruch auf Beförderung, siehe Nr. 3.6). Eine Entschädigung dafür, dass die Beförderung während des Disziplinarverfahrens zurückgestellt wurde, sieht das Gesetz nicht vor.

Zur Abrundung des in diesem Kapitel behandelten Lernstoffes empfiehlt sich die Bearbeitung des Falles 15 im Übungsteil.

10. Beendigung von Beamtenverhältnissen

10.1 Beendigungsarten

Während ein Beamtenverhältnis stets durch Ernennung beginnt (vgl. Kapitel 3), so unterscheidet § 21 BeamtStG zwischen mehreren Beendigungsarten:

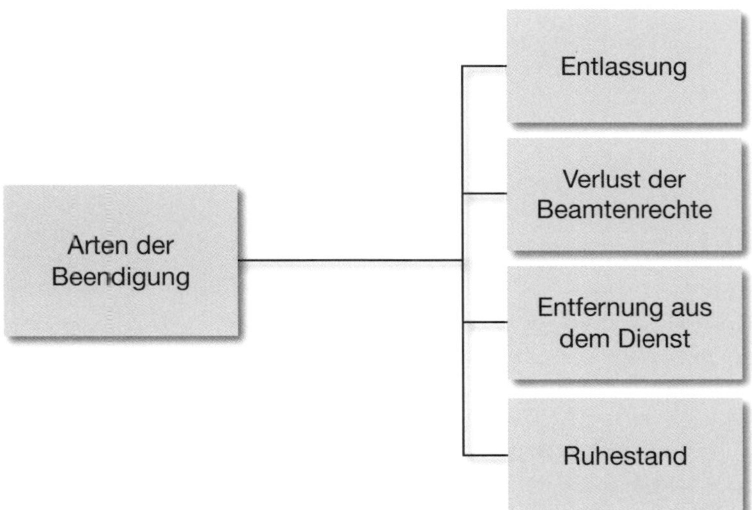

Nach der Beendigung eines Beamtenverhältnisses bestehen einige Rechte und Pflichten fort, z. B.

- Verbot der Annahme von Belohnungen und Geschenken,
- Verschwiegenheitspflicht,
- Recht auf Erteilung eines Dienstzeugnisses,
- Recht auf Einsicht in die Personalakte.

Die einzelnen Beendigungsarten werden nachfolgend näher erläutert:

10.2 Entlassung

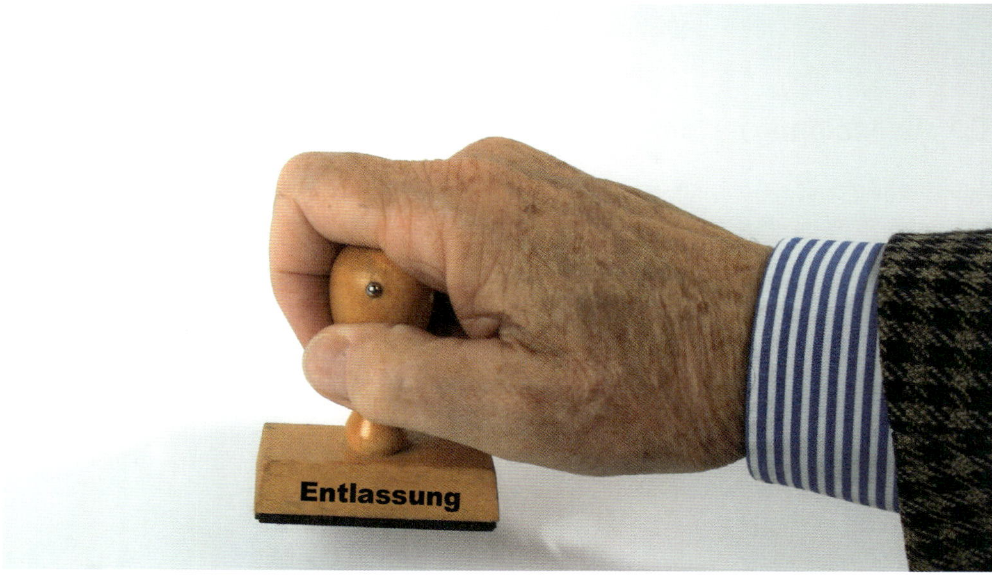

© Rainer Sturm/PIXELIO

10.2.1 Entlassung kraft Gesetzes

Die Entlassung kraft Gesetzes ist in § 22 BeamtStG geregelt. Hierbei handelt es sich um eine „automatische" Entlassung, ohne dass ein Verwaltungsakt (VA) erlassen wird. Ein in diesen Fällen gleichwohl erlassener VA hat nur deklaratorischen Charakter.

Nach Abs. 1 Nr. 1 sind Beamte entlassen, wenn sie die Eigenschaft als **Deutscher** verlieren (dies dürfte in der Praxis äußerst selten vorkommen).

Nach **Abs. 1** Nr. 2 sind Beamte entlassen, wenn sie die **Altersgrenze** erreichen (z.B. 62 Jahre für Polizeivollzugsbeamte, § 112 HBG) und das Beamtenverhältnis nicht durch Eintritt in den Ruhestand endet. Hierunter fallen insbesondere Personen, die spät verbeamtet wurden (zum Höchstalter vgl. § 11 HLVO) und/oder lange beurlaubt waren.

Nach **Abs. 2** ist ein Beamter auch entlassen, wenn er ein öffentlich-rechtliches Dienst- oder Amtsverhältnis zu einem **anderen** Dienstherrn begründet.

Beispiel: Oberinspektor Draxler (Stadt Baunatal) nimmt eine wirksame Ernennungsurkunde der Stadt Kassel entgegen (sog. „feindliche Übernahme").

➔ Damit ist das Beamtenverhältnis zum bisherigen Dienstherrn automatisch (fristlos) beendet.

Zuständig für die Feststellung der Voraussetzungen des § 22 Abs. 2 BeamtStG ist die oberste Dienstbehörde, § 28 Abs. 1 HBG.

Siehe hierzu Fall 16 im Übungsteil.

Abs. 3 gilt z. B. für einen Beamten der Stadt Naumburg, der zum **Bürgermeister** der Stadt Naumburg gewählt wird. Wäre er dagegen z. B. zum Bürgermeister einer Nachbargemeinde gewählt worden, wäre ein Antrag auf Entlassung zu prüfen, vgl. Nr. 10.2.2.2.

Nach Abs. 4 endet der Vorbereitungsdienst eines Beamten auf **Widerruf** mit Ablauf des Tages, an dem das (Nicht-)Bestehen der Laufbahnprüfung bekannt gegeben wird, vgl. auch § 19 Abs. 1 Satz 3 HLVO. Ein Widerruf des Beamtenverhältnisses oder eine Entlassungsverfügung ist nicht erforderlich; vielmehr endet das Beamtenverhältnis automatisch.

Am Tag nach der bestandenen Laufbahnprüfung kann z. B. ein privatrechtliches Arbeitsverhältnis (befristet oder unbefristet) oder ein Beamtenverhältnis auf Probe begründet werden (kein Anspruch hierauf, vgl. Nr. 3.6).

Bleibt der Beamte auf Widerruf dagegen im Anschluss an den Vorbereitungsdienst ohne Beschäftigung, so erhält er bis zum Ende des Kalendermonats weiterhin Anwärterbezüge, § 59 HBesG.

10.2.2 Entlassung durch Verwaltungsakt

Die Entlassung durch Verwaltungsakt ist in § 23 BeamtStG geregelt.
Hierbei ist zu unterscheiden in zwingende Vorschriften und in Ermessensvorschriften:

10.2.2.1 Zwingende Vorschriften

Die zwingenden Vorschriften beinhaltet § 23 Abs. 1 Satz 1 BeamtStG. Hiernach sind Beamte zwingend, d. h. ohne jeden Ermessensspielraum, zu entlassen:

Nr. 1: bei Verweigerung des **Diensteides** nach § 38 BeamtStG, § 47 HBG (siehe hierzu Nr. 8.3). Die Entlassung wird mit der Zustellung der Entlassungsverfügung wirksam, § 30 Abs. 1 Satz 2 HBG,

Nr. 2: wegen **Nichterfüllung der 5-jährigen Wartezeit** (vgl. zur Wartezeit § 32 BeamtStG und § 4 Abs. 1 Nr. 1 HBeamtVG; die Entlassung wird wirksam zum Ende des Monats, der auf die Zustellung der Entlassungsverfügung folgt, § 30 Abs. 1 Satz 2 HBG),

Nr. 3: bei dauernder **Dienstunfähigkeit** und Nichtversetzung in den Ruhestand wegen Nichterfüllung der Wartezeit (z. B. bei Beamten auf Probe, welche die Voraussetzungen des § 28 BeamtStG nicht erfüllen; die Entlassung wird wirksam zum Ende des Monats, der auf die Zustellung der Entlassungsverfügung folgt, § 30 Abs. 1 Satz 2 HBG),

Nr. 4: bei **schriftlichem Verlangen** des Beamten; nach § 29 Abs. 1 Satz 2 HBG muss das Verlangen gegenüber dem Dienstvorgesetzten (z. B. dem Bürgermeister) erklärt werden. Innerhalb von zwei Wochen kann das Verlangen regelmäßig noch zurückgenommen werden, vgl. § 29 Abs. 1 Satz 3 HBG. Nach § 29 Abs. 2 HBG kann die Entlassung längstens um bis zu 3 Monate hinausgeschoben werden. Das Beamtenverhältnis endet sodann durch eine Entlassungsverfügung des Dienstherrn (siehe hierzu nachstehende Musterurkunde sowie Fall 17 im Übungsteil),

Nr. 5: wenn sie nach Erreichen der **Altersgrenze** eingestellt worden sind.

Musterurkunde bei schriftlichem Verlangen

Gemeinde Besengrund	Wappen	Der Gemeindevorstand

Wir entlassen
Herrn Hauptsekretär
Per Fekt,
geboren am 11. Mai 1975,

auf sein Verlangen mit Ablauf des 31. Dezember 2015.

Für die der Gemeinde Besengrund geleisteten treuen Dienste sprechen wir ihm unseren Dank und unsere Anerkennung aus.

Besengrund, den 20. Dezember 2015

(Müller) Bürgermeister (Meier) Erster Beigeordneter

10.2.2.2 Ermessensvorschriften

Die Abs. 2 bis 4 des § 23 BeamtStG beinhalten Ermessensvorschriften, nach denen eine Entlassung von Beamten erfolgen kann:

Fälle, in denen Beamte die Eigenschaft als Deutscher verlieren (Abs. 2), kommen in der Praxis sehr selten vor.

Abs. 3 gilt nur für **Beamte auf Probe.**

Diese können nach Nr. 1 entlassen werden, wenn sie ein mittleres bis grobes **Dienstvergehen** begehen, z. B. Trunkenheitsfahrt samt Unfallflucht eines Polizeibeamten.

In einem solchen Fall kann die Entlassung sogar ohne Einhaltung einer Frist erfolgen, § 29 Abs. 4 Satz 1 HBG. Selbstverständlich ist zuvor der Sachverhalt vollständig aufzuklären, § 29 Abs. 4 Satz 2 HBG i. V. m. § 24 HDG. Bei weniger gravierenden Dienstvergehen stehen gegenüber Beamten auf Probe die Disziplinarmaßnahmen Verweis und Geldbuße als Sanktionsmöglichkeiten zur Verfügung, § 8 Abs. 3 Satz 2 HDG. Näheres siehe Nr. 9.3.

Nach Nr. 2 kann eine Entlassung auch erfolgen bei **Nichtbewährung** in der Probezeit. Dies kann aus Leistungs-, Gesundheits- oder charakterlichen Gründen (z. B. regelmäßiges Zuspätkommen) angebracht sein. Eine solche Entlassung ist sozusagen aus Sicht des Beamten die negative Alternative zur Verbeamtung auf Lebenszeit, vgl. Nr. 5.5.2.1.

In derartigen Fällen richten sich die Entlassungsfristen nach § 29 Abs. 3 HBG (je nach „Beschäftigungszeit").

Siehe hierzu Fall 18 im Übungsteil.

Schließlich kommt eine Entlassung von Beamten auf Probe bei Auflösung von Behörden in Betracht, vgl. § 23 Abs. 3 Nr. 3 BeamtStG. Auch hier sind die Entlassungsfristen des § 29 Abs. 3 HBG zu beachten.

Abs. 4 gilt nur für **Beamte auf Widerruf.**

Diese können „jederzeit" entlassen werden. Die Rechtsprechung der Verwaltungsgerichte fordert jedoch für Entlassungen vor Ablegung der Laufbahnprüfung einen „sachlichen Grund", z. B. mangelnde Verfassungstreue, charakterliche Nichteignung, schwere gesundheitliche Mängel oder völlig unzureichende Leistungen. „Berechtigte Zweifel" an der Eignung allein reichen dagegen nicht aus. Hier gelten gemäß § 29 Abs. 5 HBG die Entlassungsfristen des § 29 Abs. 3 und 4 HBG (siehe oben) entsprechend.

10.2.3 Beteiligung des Personalrates

Gemäß § 77 Abs. 1 Nr. 1 Buchst. h, § 69 Abs. 1 HPVG bedarf jede Entlassung der vorherigen Zustimmung des **Personalrats,** soweit sie nicht kraft Gesetzes oder auf eigenen Antrag erfolgt. Daneben ist die Beteiligung der **Frauenbeauftragten** nach § 16 Abs. 1 Satz 2 Nr. 2 HGlG stets durchzuführen. Bei schwerbehinderten Beamten gilt ferner § 95 Abs. 2 SGB IX.

10.2.4 Entlassungsschutz

Anders als bei der Kündigung eines schwerbehinderten Arbeitnehmers ist bei der Entlassung eines schwerbehinderten Beamten das Integrationsamt nicht zu beteiligen (Beschluss des OVG Nordrhein-Westfalen vom 07.01.2013 – 6 A 2371/11 –).

Für Beamtinnen auf Widerruf und auf Probe gilt während der Schwangerschaft und vier Monate nach der Entbindung zusätzlich das Entlassungsverbot des § 4 der HMuSchEltZVO. Während der Elternzeit greift für diesen Personenkreis der Entlassungsschutz des § 9 HMuSchEltZVO.

10.3 Verlust der Beamtenrechte

Wird ein Beamter in einem ordentlichen Strafverfahren durch das Urteil eines deutschen Gerichts wegen einer **vorsätzlichen** Tat zu einer Freiheitsstrafe von mindestens 1 Jahr verurteilt (selbst wenn diese „auf Bewährung" ausgesetzt wurde), so endet das Beamtenverhältnis mit der Rechtskraft des Urteils. Bei staatsgefährdenden Taten und Bestechlichkeit gelten Besonderheiten, vgl. Gesetzestext des § 24 Abs. 1 BeamtStG. Hierzu bedarf es also keines rechtsgestaltenden, sondern lediglich eines feststellenden Verwaltungsaktes. Ergänzend wird hierzu auf §§ 31, 32 HBG verwiesen.

Ein „Strafbefehl" ist kein Urteil in diesem Sinne.

Abzugrenzen sind die in § 24 Abs. 1 BeamtStG geregelten Fälle von solchen Straftaten, die vor der Ernennung begangen wurden. Diese werden nach § 12 Abs. 1 Nr. 2 BeamtStG behandelt, vgl. Nr. 4.2.

10.4 Entfernung aus dem Beamtenverhältnis

Im Falle von Pflichtverletzungen stehen im Arbeitsrecht bekanntlich die Instrumente „Abmahnung" und „Kündigung" zur Verfügung.

Im Beamtenrecht indes stellt die Entfernung aus dem Dienst (nach vorheriger Disziplinarklage gemäß §§ 38, 57 HDG) eine von mehreren Disziplinarmaßnahmen im Sinne des HDG dar. Zur Vertiefung wird auf das Kapitel 9 verwiesen.

10.5 Eintritt bzw. Versetzung in den Ruhestand

Beamte auf Lebenszeit, Beamte auf Probe und Beamte auf Zeit können bei Erfüllung bestimmter Voraussetzungen in den Ruhestand eintreten bzw. versetzt werden.

Bei Erreichung der gesetzlichen Altersgrenze spricht man vom **Eintritt** in den Ruhestand. Dieser ist nicht vom Erlass eines VA abhängig. In allen anderen Fällen spricht man von einer **Versetzung** in den Ruhestand; es erfolgt eine Versetzungsverfügung (VA). Diese Verfügung ist dem Beamten zuzustellen, § 42 Abs. 3 HBG. Sie kann bis zum Beginn des Ruhestandes zurückgenommen werden. Daraus folgt, dass nach Beginn des Ruhestandes weder die Versetzung in den Ruhestand noch der Grund, auf dem sie beruht, durch Widerruf oder Rücknahme nachträglich geändert werden können. Deshalb scheidet z. B. die spätere Auswechslung des Grundes (z. B. Schwerbehinderung statt Antragsaltersgrenze) aus (Urteil des BVerwG vom 30.04.2014 – 2 C 65/11 –).

Im Ruhestand steht den Beamten regelmäßig eine lebenslange Versorgung nach den Bestimmungen des HBeamtVG zu. In Hessen erhält ein Beamter für jedes Jahr ruhegehaltfähiger Dienstzeit 1,79375 % der ruhegehaltfähigen Dienstbezüge nach § 5 HBeamtVG.

Nach 40 Dienstjahren ist der Höchstsatz von 71,75 % erreicht. Bei einer monatlichen Bruttobesoldung in Höhe von 4.000,- € (ohne Familienzuschlag) wäre dies ein Ruhegehalt von 2.870,– €.

<u>Schaubild:</u>

10.5.1 kraft Gesetzes („Eintritt in den Ruhestand")

Gemäß § 25 BeamtStG treten Beamte auf Lebenszeit nach Erreichen der „Altersgrenze" automatisch in den Ruhestand. Diese liegt in Hessen bei **67 Jahren**, vgl. § 33 Abs. 1 HBG. (Hinweis: für Lehrer (hier Ruhestand zum Schulhalbjahresende) und Polizeibeamte (Altersgrenze 62 Jahre, vgl. § 112 HBG) gelten Sondervorschriften.)

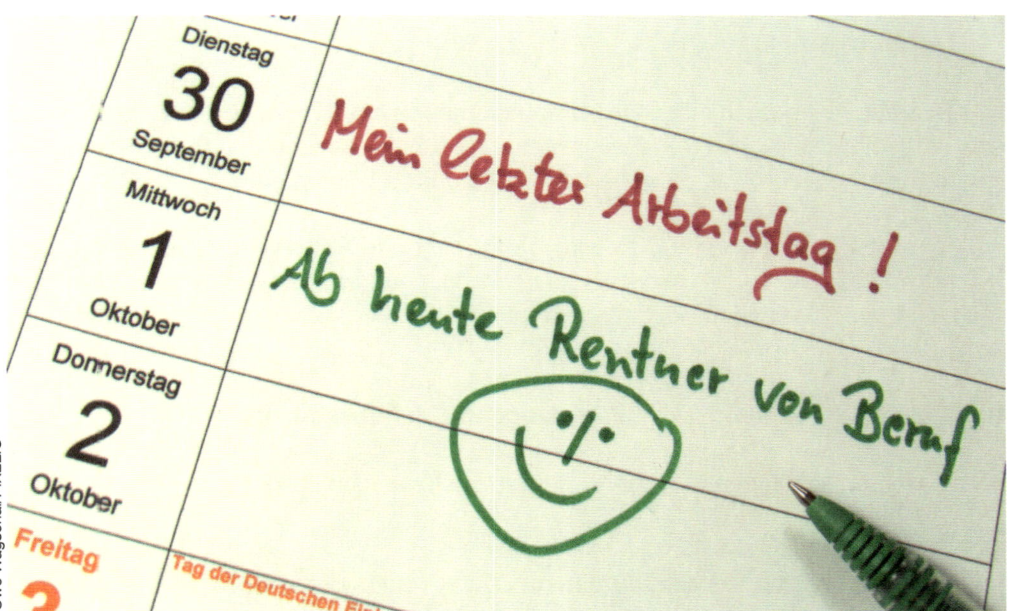

Beispiel: Verwaltungsbeamter, geb. am 03.06.1971
→ Eintritt in den Ruhestand mit Ablauf des 30.06.2038.

Für die Geburtsjahrgänge 1947 bis 1963 gelten abweichende **Übergangsbestimmungen**, vgl. § 33 Abs. 3 Satz 2 HBG.

Beispiel: Verwaltungsbeamter, geb. am 03.06.1960
→ Eintritt in den Ruhestand mit Ablauf des 31.10.2026 (Alter 66 Jahre und 4 Monate).

Musterurkunde für den Eintritt in den Ruhestand:

Gemeinde Besengrund	Wappen	Der Gemeindevorstand
	Herr Oberinspektor Uwe Schön, geboren am 11. Juni 1951,	
	tritt nach Erreichen der Altersgrenze mit Ablauf des 30. November 2016 in den Ruhestand.	
	Für die der Gemeinde Besengrund geleisteten treuen Dienste sprechen wir ihm unseren Dank und unsere Anerkennung aus.	
	Besengrund, den 20. November 2016	
(Müller) Bürgermeister		(Meier) Erster Beigeordneter

§ 34 HBG regelt indes ein mögliches **Hinausschieben** des Eintritts in den Ruhestand bis max. zur Vollendung des 70. Lebensjahres. Diese Ermessensnorm erfordert jedoch ein „dienstliches Interesse“ an einer Weiterverwendung des Beamten.

In der entsprechenden **Urkunde** wird dabei folgende Formulierung aufgenommen: „... tritt nach Erreichen der Altersgrenze und Ablauf der verlängerten aktiven Dienstzeit nach § 34 des Hessischen Beamtengesetzes mit Ablauf des ... in den Ruhestand.“

10.5.2 durch Verwaltungsakt („Versetzung in den Ruhestand“)

Bei der Versetzung in den Ruhestand werden die folgenden Fallgruppen unterschieden:

10.5.2.1 bei Dienstunfähigkeit

Nach § 26 BeamtStG sind **dienstunfähige** Beamte auf Lebenszeit in den Ruhestand zu versetzen, sofern die 5-jährige Dienstzeit i. S. d. § 32 BeamtStG, § 4 Abs. 1 Nr. 1 HBeamtVG abgeleistet wurde (anderenfalls erfolgt zwingend eine Entlassung nach § 23 Abs. 1 Nr. 3 BeamtStG, siehe Nr. 10.2.2.1).

§ 36 Abs. 1 HBG beinhaltet u. a. die Verpflichtung des Beamten, sich nach Weisung der Behörde ärztlich untersuchen zu lassen. Eine solche Aufforderung ist mangels Regelung kein VA. Zur Arztwahl und zum Inhalt der ärztlichen Mitteilung siehe § 39 HBG.

§ 36 Abs. 2 HBG ergänzt § 26 Abs. 1 Satz 2 BeamtStG und regelt die **„vermutete"** Dienstunfähigkeit in Fällen, in denen der Beamte innerhalb eines Zeitraums von sechs Monaten mehr als drei Monate keinen Dienst getan hat und keine Aussicht besteht, dass die Dienstfähigkeit innerhalb von weiteren sechs Monaten wieder voll hergestellt wird (Prognoseentscheidung). Ob der Dienstherr von dieser Erleichterung Gebrauch macht, steht in seinem Ermessen. Zu beachten ist die vorherige Pflicht des Dienstherrn zur Durchführung des betrieblichen Eingliederungsmanagements **(BEM)** nach § 84 Abs. 2 SGB IX. Das BEM ist jedoch keine Rechtmäßigkeitsvoraussetzung für die Ruhestandsversetzung (Urteil des BVerwG vom 05.06.2014 – 2 C 22/13 –).
Für Polizeivollzugsbeamte beachte abweichend die 2-Jahres-Frist des § 111 Abs. 1 HBG.

§ 36 Abs. 3 HBG regelt die sog. **„Zwangspensionierung",** gegen die der Beamte innerhalb eines Monats Einwendungen erheben kann.

§ 36 Abs. 4 HBG beinhaltet die **antragsgemäße** Ruhestandsversetzung wegen Dienstunfähigkeit.

Zuständig für die Ruhestandsversetzung ist gemäß § 42 i. V. m. § 9 Abs. 2 HBG die oberste Dienstbehörde, im Kommunalbereich gemäß § 42 i. V. m. § 9 Abs. 3 HBG die jeweils zuständige Stelle, also z. B. der Gemeindevorstand, der Magistrat, der Kreisausschuss usw. (vgl. § 73 Abs. 1 Satz 1 HGO, § 46 Abs. 1 Satz 1 HKO).

Der Ruhestand **beginnt** gemäß § 42 Abs. 4 HBG nach Ablauf des Monats, in dem die Ruhestandsversetzung dem Beamten bekannt gegeben wird.

<u>Beispiel:</u>
Bekanntgabe am 15. Mai
➔ Ruhestand ab 1. Juni

Nach § 26 Abs. 1 Satz 3 i. V. m. Abs. 2 BeamtStG soll von der Ruhestandsversetzung abgesehen werden, wenn eine **„anderweitige Verwendung"** des Beamten möglich ist (z. B. Innendienst statt Außendienst). Dem Dienstherrn obliegt also eine Suchpflicht nach einem anderen geeigneten Dienstposten bei der Beschäftigungsbehörde. Ohne Zustimmung des Beamten kann ihm nach Maßgabe des Abs. 3 auch eine **geringerwertige** Tätigkeit übertragen werden.

Schließlich ist vor jeder Ruhestandsversetzung zu prüfen, ob eine **begrenzte Dienstfähigkeit** nach § 27 BeamtStG infrage kommt, vgl. § 37 HBG. Im Unterschied zu einem teilzeitbeschäftigten Beamten, der freiwillig auf einen Teil seiner Bezüge verzichtet, bringt der begrenzt dienstfähige Beamte seine Arbeitskraft „ganz“ ein. Der Dienstherr bringt durch die Entscheidung, den nur noch begrenzt dienstfähigen Beamten nicht in den Ruhestand zu versetzen, sondern ihn im Dienst zu belassen, zum Ausdruck, dass er auf seine objektiv eingeschränkte, subjektiv aber volle Dienstleistung Wert legt (Grundsatz: „Weiterverwendung vor Versorgung“). Deshalb verstößt eine finanzielle Gleichbehandlung mit teilzeitbeschäftigten Beamten gegen das Alimentationsprinzip (siehe Nr. 1.5.2). Das BVerwG hat in seinem Urteil vom 27.03.2014 – 2 C 50.11 – entschieden, dass für diesen Personenkreis grundsätzlich eine Orientierung an der Besoldung für Vollzeitbeschäftigte geboten ist; allerdings darf der Verordnungsgeber berücksichtigen, dass objektiv nicht die volle Dienstleistung erbracht wird.

Die **Wiederherstellung** der Dienstfähigkeit („Reaktivierung“) regelt schließlich § 29 BeamtStG. Hierzu bedarf es nach Auffassung des Verfassers einer förmlichen Ernennung. Näheres siehe § 38 HBG.

<u>Musterurkunde für die Versetzung in den Ruhestand:</u>

Gemeinde Besengrund	Wappen	Der Gemeindevorstand

Wir versetzen
Herrn Amtmann
Fred Früh,
geboren am 11. Mai 1955,

in den Ruhestand.

Für die der Gemeinde Besengrund geleisteten treuen Dienste sprechen
wir ihm unseren Dank und unsere Anerkennung aus.

Besengrund, den 20. Dezember 2015

(Müller) Bürgermeister — (Meier) Erster Beigeordneter

10.5.2.2 Antragsaltersgrenze

Möchte der (nicht dienstunfähige) Beamte auf Lebenszeit nicht bis zum Erreichen der für ihn maßgebenden Altersgrenze (vgl. 10.5.1) arbeiten, so kann er einen Antrag auf Versetzung in den Ruhestand mit Vollendung des **62. Lebensjahres** stellen, § 35 Satz 1 Nr. 2 HBG. Man spricht hier von der sog. „Antragsaltersgrenze“.

Allerdings sind mit einer solchen vorzeitigen Versetzung in den Ruhestand finanzielle Nachteile bei der Versorgung verbunden: Gemäß § 14 Abs. 3 Satz 1 Nr. 2 HBeamtVG vermindert sich das Ruhegehalt um bis zu 18 % (3,6 % x 5 Jahre). Daneben beinhaltet § 80 Abs. 2 HBeamtVG Sonderregelungen für bestimmte Geburtsjahrgänge.

Zur Zuständigkeit der obersten Dienstbehörde vgl. Nr. 10.5.2.1.

Dabei kann die o. g. Musterurkunde (Fred Früh) verwendet werden, ergänzt um die Wörter „auf seinen Antrag“.

10.5.2.3 Schwerbehinderte Beamte

Eine weitere Altersgrenze beinhaltet § 35 Satz 1 Nr. 1 HBG. Danach dürfen schwerbehinderte Beamte auf Lebenszeit bereits mit Vollendung des **60. Lebensjahres** in den Ruhestand treten. Notwendig ist ein Grad der Behinderung von mindestens 50 %, vgl. § 2 Abs. 2 SGB IX.

Bezüglich der damit verbundenen Versorgungsabschläge siehe § 14 Abs. 3 Satz 1 Nr. 1 HBeamtVG (max. 10,8 %) und § 80 Abs. 1 HBeamtVG.

Zur Zuständigkeit der obersten Dienstbehörde vgl. Nr. 10.5.2.1.
Musterurkunde siehe Nr. 10.5.2.2.

10.5.2.4 Beteiligung des Personalrates

Der **Personalrat** wirkt bei vorzeitiger Versetzung in den Ruhestand

- bei Dienstunfähigkeit, siehe Nr. 10.5.2.1,
- im Rahmen der Antragsaltersgrenze, siehe Nr. 10.5.2.2 und
- von schwerbehinderten Beamten, siehe Nr. 10.5.2.3,

dann mit, wenn der Beamte dies beantragt, § 78 Abs. 1 Nr. 2 HPVG.

In diesem Fall ist auch die Frauenbeauftragte zu beteiligen, § 16 Abs. 1 Satz 2 Nr. 2 HGlG. Bei schwerbehinderten Beamten ist die Schwerbehindertenvertretung vorab anzuhören, § 95 Abs. 2 SGB IX.

Haben Sie noch Fragen zur Versetzung bzw. zum Eintritt in den Ruhestand? Zur Vertiefung bearbeiten Sie bitte den Fall 19 im Übungsteil.

10.5.2.5 Beamte auf Probe

Unter bestimmten Voraussetzungen können ausnahmsweise auch Beamte auf Probe in den Ruhestand versetzt werden. Dabei unterscheidet das BeamtStG zwei Fallgruppen:

- Wird ein Beamter auf Probe durch einen **Dienstunfall** (vgl. § 36 HBeamtVG) ohne grobes Verschulden dienstunfähig, so <u>ist</u> er gemäß § 28 Abs. 1 BeamtStG in den Ruhestand zu versetzen.
  Dies gilt selbst bei Nichterfüllung der fünfjährigen Dienstzeit im Sinne der § 32 BeamtStG, § 4 Abs. 1 Nr. 2 HBeamtVG.

Beispiel:
Ein junger Polizeikommissar (BaP, A 9 Stufe 1) wird im Dienst angeschossen und erleidet irreparable Körperschäden.

- Bei Dienstunfähigkeit **aus anderen Gründen** kann der Beamte auf Probe in den Ruhestand versetzt werden, vgl. § 28 Abs. 2 BeamtStG. Bei dieser Ermessensentscheidung muss der Dienstherr alle Umstände des Einzelfalls berücksichtigen, z. B. Dienstalter, Bedürftigkeit und bisherige Bewährung in der Probezeit. In diesem Fall muss die o. g. fünfjährige Dienstzeit (hierzu zählt gemäß § 6 Abs. 1 HBeamtVG auch die Zeit als Beamter auf Widerruf) zwingend erfüllt sein. Entscheidet sich der Dienstherr gegen eine solche Ruhestandsversetzung, so ist der Beamte auf Probe gemäß § 23 Abs. 1 Satz 1 Nr. 3 BeamtStG zu entlassen (siehe Nr. 10.2.2.1).

Zur Zuständigkeit der obersten Dienstbehörde vgl. Nr. 10.5.2.1.

Bitte bearbeiten Sie abschließend den Fall 20 im Übungsteil.

Viel Erfolg!

Anlage 1

Besoldungsordnung A

Gültig ab 1. April 2014

Grundgehaltstabelle für die Besoldungsgruppen der Besoldungsordnung A

Besoldungs-gruppe	Grundgehalt (Monatsbeträge in Euro)							
	Stufe 1	Stufe 2	Stufe 3	Stufe 4	Stufe 5	Stufe 6	Stufe 7	Stufe 8
A 4	1 902,20	1 930,93	1 954,53	1 998,65	2 040,71	2 082,78	2 125,87	2 164,86
A 5	1 920,67	1 960,69	1 984,28	2 036,61	2 087,91	2 140,24	2 192,56	2 244,89
A 6	1 965,82	2 015,06	2 063,29	2 122,79	2 184,35	2 243,86	2 310,55	2 366,98
A 7	2 052,00	2 090,99	2 150,50	2 242,84	2 333,12	2 423,41	2 491,13	2 559,87
A 8	2 179,22	2 232,58	2 315,68	2 432,65	2 548,58	2 631,69	2 713,77	2 795,85
A 9	2 316,71	2 372,11	2 464,45	2 594,75	2 711,72	2 809,19	2 897,42	2 982,58
A 10	2 491,13	2 542,43	2 703,51	2 863,57	3 020,54	3 135,46	3 246,26	3 358,10
A 11	2 871,77	2 967,19	3 131,35	3 297,56	3 406,32	3 524,31	3 638,20	3 752,08
A 12	3 088,26	3 209,33	3 406,32	3 602,29	3 733,61	3 873,15	4 008,58	4 146,07
A 13	3 611,52	3 741,82	3 925,48	4 109,13	4 236,35	4 363,58	4 490,80	4 614,95
A 14	3 802,36	3 983,96	4 223,02	4 460,02	4 623,16	4 788,34	4 951,48	5 116,66
A 15	4 664,20	4 808,86	4 972,00	5 136,16	5 299,29	5 461,40	5 623,51	5 784,59
A 16	5 150,52	5 323,91	5 511,67	5 700,46	5 887,19	6 077,00	6 264,76	6 450,46

Aufstiegs-intervalle	2 Jahre	3 Jahre	3 Jahre	3 Jahre	4 Jahre	4 Jahre	4 Jahre	Endgrund-gehalt (nach 23 Jahren)

Anlage 2

MUSTER

Stadt/Gemeinde ______________
Der Magistrat/Der Gemeindevorstand
Fachdienst Personal

(Kopfbogen)

Frau/Herrn ________
im Hause

(gegen Empfangsbekenntnis)

Erstmalige Festsetzung der Stufe Ihres Grundgehalts

Sehr geehrte/r Frau/Herr ___________,

Sie wurden mit Wirkung vom _____ zur/zum ________ ernannt und haben ab diesem Tag Anspruch auf Grundgehalt der Besoldungsgruppe A ___ HBesG.

Mit Wirkung vom 01. __. 2014 wird für Sie gemäß § 28 Abs. 2 HBesG ein Grundgehalt der Stufe 1 festgesetzt.

Die o. g. Festsetzung der Stufe 1 erfolgt, weil in Ihrem Fall keine berücksichtigungsfähigen Erfahrungszeiten nach § 29 Abs. 1 HBesG vorliegen. Die zum Erreichen der Stufe erforderliche Erfahrungszeit beträgt zwei Jahre; die für die weiteren Stufenaufstiege erforderlichen Erfahrungszeiten entnehmen Sie bitte § 28 Abs. 3 HBesG.

<u>alternativ:</u>

Mit Wirkung vom 01. __. 2014 wird für Sie gemäß § 28 Abs. 2 i. V. m. § 29 Abs. 1 HBesG auf Grund der in Ihrem Fall zu berücksichtigenden Erfahrungszeiten von __ Jahren und/oder __ Monaten ein Grundgehalt der Stufe __ festgesetzt. Die zum Erreichen der Stufe __ insgesamt erforderliche Erfahrungszeit beträgt __ Jahre, so dass Sie in dieser Stufe nunmehr bereits eine Erfahrungszeit von __ Jahren und / oder __ Monaten zurückgelegt haben; die für die weiteren Stufenaufstiege erforderlichen Erfahrungszeiten entnehmen Sie bitte § 28 Abs. 3 HBesG.

Folgende Tätigkeitszeiten wurden als Erfahrungszeiten berücksichtigt. Soweit innerhalb dieser Zeiträume Unterbrechungen liegen, die nicht als Erfahrungszeiten berücksichtigt werden können, wurden die Tätigkeitszeiten in die berücksichtigungsfähigen Zeiträume unterteilt:

Nr.	Beginn / Ende	tätig als … bei …	öD	Jahre	Monate
1	01.01.2012 – 31.01.2014	Sachbearbeiter (EG 9) bei Stadt Fulda	ja	1	1
2	….				

Weitere Zeiten/Qualifikationen konnten nicht berücksichtigt werden.

Hinweis:

Sofern die oberste Dienstbehörde von ihrem Ermessensspielraum nach § 29 Abs. 1 Sätze 2 bis 6 HBesG (ggf. teilweise / vollständige Anrechnung förderlicher Zeiten) Gebrauch macht, so ist dies im Einzelfall gesondert zu begründen, § 39 Abs. 1 Satz 3 HVwVfG.

Für weitere Fragen steht Ihnen Frau / Herr _____ jederzeit gern zur Verfügung (Tel. 1909).

Optional: Rechtsbehelfsbelehrung

Gegen diesen Bescheid kann innerhalb eines Monats nach Bekanntgabe Widerspruch erhoben werden. Der Widerspruch ist bei ______ (Anschrift der Behörde, die den Verwaltungsakt erlassen hat) schriftlich oder zur Niederschrift einzulegen.

(Bei Verzicht auf die RBB beachte die Rechtsfolge des § 58 Abs. 2 VwGO).

Mit freundlichen Grüßen

Ihr Fachdienst Personal

(Unterschrift)

Anlage 3

MUSTER

Stadt/Gemeinde ______________
Der Magistrat/Der Gemeindevorstand
Fachdienst Personal

(Kopfbogen)

Frau/Herrn ________
im Hause

(gegen Empfangsbekenntnis)

Auswirkungen von Zeiten ohne Dienstbezüge auf Ihre Stufenlaufzeit

Sehr geehrte/r Frau/Herr __________,

im Zeitraum von ___ bis ___ hatten Sie keinen Anspruch auf Dienstbezüge. Gemäß § 28 Abs. 3 Satz 2 HBesG verzögern Zeiten ohne Dienstbezüge den Aufstieg in den Stufen des Grundgehalts, soweit in § 29 Abs. 2 HBesG nichts anderes bestimmt ist.

Einer der in § 29 Abs. 2 HBesG abschließend genannten Ausnahmegründe liegt in Ihrem Fall nicht vor. Daher verzögert sich Ihr Stufenaufstieg gemäß § 28 Abs. 3 Satz 2 i.V.m. Satz 3 HBesG um ___ Jahre und ___ Monate.

<u>alternativ:</u>

Nicht zu einer Verzögerung führt gemäß § 29 Abs. 2 Nr. 2 HBesG die max. dreijährige Zeit der Betreuung Ihres Sohnes Peter im Zeitraum von ___ bis ___. Ihr Stufenaufstieg verzögert sich daher nicht um den gesamten Zeitraum ohne Anspruch auf Dienstbezüge, sondern gemäß § 28 Abs. 3 Sätze 2 und 3 i.V.m. § 29 Abs. 2 Satz 2 HBesG um __ Jahre und __ Monate.

Mit Wirkung vom 01. __.20__ haben Sie ein Grundgehalt der Stufe __ erreicht und in dieser Stufe eine Erfahrungszeit von __ Jahren und __ Monaten zurückgelegt.
Der Aufstieg in Stufe __ erfolgt somit voraussichtlich am __.__.20__.

Für weitere Fragen steht Ihnen Frau / Herr _____ jederzeit gern zur Verfügung (Tel. 1909).

Mit freundlichen Grüßen

Ihr Fachdienst Personal

(Unterschrift)

Anlage 4

Amts- und Stellenzulagen sowie sonstige Zulagen

(Monatsbeträge)

Gültig ab 1. April 2014

Dem Grunde nach geregelt in	Betrag in Euro, Prozent
Besoldungsordnungen A und B	
Vorbemerkungen	
Nr. 3 Abs. 1	
Nr. 1	379,17
Nr. 2	303,34
Nr. 3 Abs. 5	105,33
Nr. 3 Abs. 6	78,99
Nr. 5	
A 4 bis A 5	118,49
A 6 bis A 9	157,99
A 10 und höher	197,48
Nr. 6 und 7	
nach einer Dienstzeit	
von einem Jahr	65,60
von zwei Jahren	131,20
Nr. 8	98,40
Nr. 9	39,50
Nr. 10	
mittlerer Dienst	17,56
gehobener Dienst	39,50
Nr. 11	
Abs. 1	78,99
Abs. 2	51,13
Abs. 3	76,69
Abs. 4	76,69
Abs. 5	78,99
Nr. 12	373,67

Dem Grunde nach geregelt in		Betrag in Euro, Prozent
Besoldungsordnungen A und B		
Besoldungsgruppen	Fußnote	
A 5	3	36,01
	4	66,40
A 7	6	50 Prozent des jeweiligen Unterschiedsbetrages zum Grundgehalt der Besoldungsgruppe A 8
A 9	1, 2	268,06
A 10	2	295,54
A 12	4	155,71
A 13	1, 8, 9	272,42
	3, 4	186,77
	5	93,43
A 14	4	186,77
A 15	4	186,77
A 16	1, 8	208,88
B 9	1	773,87
Präsidentin, Präsident des Justizprüfungsamtes	5 Prozent des Grundgehalts der Besoldungsgruppe B 4*	

* Nach Maßgabe des § 3 Abs. 3 Satz 2 des Juristenausbildungsgesetzes in der Fassung vom 15. März 2004 (GVBl. I S. 158), zuletzt geändert durch Gesetz vom 27. Mai 2013 (GVBl. S. 218, 368).

Besoldungsordnung R		
Besoldungsgruppen	Fußnote	
R 1	1, 2	206,49
R 2	4 bis 10, 12	206,49
R 3	3	206,49

Nr. 13 Abs. 1	
Nr. 1	
Buchst. a	19,28
Buchst. b	75,42
Nr. 2	83,83
Nr. 3	83,83

Besoldungsordnung W

Vorbemerkungen

Nr. 3 Abs. 2	260,00
Nr. 4	
wenn ein Amt ausgeübt wird	
der Besoldungsgruppe R 1	205,54
der Besoldungsgruppe R 2	230,08

Besoldungsordnung R

Vorbemerkung

Nr. 2	76,69

Anhang zu den Besoldungsordnungen A und B

Künftig wegfallende Ämter und Amtsbezeichnungen

Besoldungsgruppen	Fußnote	
A 4	1	66,40
	2	36,01
A 12	2	155,71
A 13	1, 3	186,77
	5	93,43
A 14	2, 3, 4, 5	186,77
A 15	1	186,77

Anlage 5

Familienzuschlag

(Monatsbeträge in Euro)

Gültig ab 1. April 2014

Stufe 1 (§ 43 Abs. 1 des Hessischen Besoldungsgesetzes)	Stufe 2 (§ 43 Abs. 2 des Hessischen Besoldungsgesetzes)	Stufe 3 (§ 43 Abs. 2 des Hessischen Besoldungsgesetzes)	Stufe 4 (§ 43 Abs. 2 des Hessischen Besoldungsgesetzes)
123,92	229,91	335,90	666,14

Der kinderbezogene Anteil im Familienzuschlag beträgt für die ersten beiden zu berücksichtigenden Kinder jeweils 105,99 Euro und für das dritte und jedes weitere zu berücksichtigende Kind jeweils 330,24 Euro.

Erhöhungsbeträge für die Besoldungsgruppen A 4 und A 5

Der Familienzuschlag der Stufe 2 erhöht sich für das erste zu berücksichtigende Kind in den Besoldungsgruppen A 4 und A 5 um je 6,01 Euro, ab Stufe 3 für jedes weitere zu berücksichtigende Kind

in der Besoldungsgruppe A 4 um je	24,06 Euro
in der Besoldungsgruppe A 5 um je	18,06 Euro.

Soweit dadurch im Einzelfall die Besoldung hinter derjenigen aus einer niedrigeren Besoldungsgruppe zurückbleibt, wird der Unterschiedsbetrag zusätzlich gewährt.

Anhang: Übungsteil

Fall 1: Der Personalrat spielt nicht mit

Die Stadt Kassel hat eine nach Besoldungsgruppe A 10 HBesG bewertete Planstelle im Fachdienst Personal extern ausgeschrieben. Nach Durchführung des Stellenbesetzungsverfahrens beabsichtigt der Magistrat, den bei der Gemeinde Liebenau tätigen Inspektor Volker Vize einzustellen. Der Personalrat wurde hierüber vollständig informiert (u. a. war ein Mitglied des Personalrats bei den Auswahlgesprächen zugegen; auch wurden sämtliche Originalbewerbungen dem Personalrat vorgelegt). Am 5. Januar geht beim Personalratsvorsitzenden eine Vorlage der Dienststelle mit der Bitte um Zustimmung nach § 77 Abs. 1 Nr. 1 Buchst. a, § 69 Abs. 1 HPVG ein.

Aufgabe 1:

Bitte nennen Sie stichpunktartig die **sachlichen Voraussetzungen** für die Berufung in das Beamtenverhältnis.

Aufgabe 2:

Darf Herr Vize eingestellt werden,

a) wenn der Personalrat die Vorlage am 25. Januar* schriftlich ablehnt?

b) wenn der Personalrat die Vorlage am 18. Januar* mit der schriftlichen Begründung ablehnt, nach seiner Meinung sei die Mitbewerberin, Frau Bianca Aller-Best, besser geeignet als Herr Vize?

c) wenn der Personalrat die Vorlage am 18. Januar* mit der schriftlichen Begründung ablehnt, der Dienstherr habe es unterlassen, die Frauenbeauftragte nach § 16 Abs. 1 Satz 2 Nr. 2 HGlG zu beteiligen?

Aufgabe 3:

Skizzieren Sie das weitere Verfahren, wenn der Dienstherr bei seiner Einstellungsentscheidung bleibt, ohne die Beteiligung der Frauenbeauftragten nachzuholen.

---

* Datum des Zugangs bei der Dienststelle

Lösung Aufgabe 1:

Zu erkennen sind:

- Dienstherrnfähigkeit § 2 BeamtStG, § 2 HBG
- Funktionsvorbehalt § 3 Abs. 2 BeamtStG
- Ausschreibung § 10 Abs. 3 HBG (beachte insbesondere AGG)
- Planstelle
- Mitbestimmung des Personalrats § 77 Abs. 1 Nr. 1a HPVG
- Beteiligung der Frauenbeauftragten § 16 Abs. 1 Satz 2 Nr. 2 HGlG
- ggf. Beteiligung der Schwerbehindertenvertretung § 95 SGB IX

Lösung Aufgabe 2 a):

Zu prüfen ist, ob Herr Vize eingestellt werden darf.

Dies ist hier problematisch, weil die Einstellung eines Beamten die **Mitbestimmung** des Personalrats voraussetzt, § 77 Abs. 1 Nr. 1a HPVG. Nach § 69 Abs. 1 Satz 1 HPVG bedarf es hierzu der vorherigen Zustimmung dieses Gremiums. Eine solche liegt hier nicht vor, da der Personalrat die Entscheidungsvorlage abgelehnt hat. Zu beachten ist jedoch die Zweiwochenfrist des § 69 Abs. 2 Satz 2 HPVG. Da diese Frist vorliegend nicht eingehalten wurde, gilt die seitens des Dienststellenleiters beabsichtigte Maßnahme als gebilligt, § 69 Abs. 2 Satz 4 HPVG **(Zustimmungsfiktion).** Einer Ernennung des Herrn Vize steht somit nichts mehr im Wege. Sie wäre nicht nur wirksam, sondern sogar rechtmäßig!

Lösung Aufgabe 2 b):

Zu prüfen ist, ob der Personalrat die Vorlage ablehnen darf, weil er meint, die Mitbewerberin sei „besser geeignet".

Hier liegt eine rechtzeitige Mitteilung der Ablehnung des Personalrats vor. Zu beachten ist jedoch, dass eine wirksame **Zustimmungsverweigerung** nur unter den Voraussetzungen des § 77 Abs. 4 HPVG möglich ist.

Zwar gilt im öffentlichen Dienst die „Bestenauslese" des Art. 33 Abs. 2 GG, welche im Beamtenrecht durch § 9 BeamtStG, § 10 HBG und § 3 HLVO konkretisiert wird; gleichwohl genießt der Dienstherr bei Personalauswahlentscheidungen einen weiten Beurteilungsspielraum. Ein „Mitbeurteilungsrecht" des Personalrats, wer denn nun als der am besten geeignete Bewerber anzusehen ist, besteht folglich nicht. Die Verweigerung des Personalrats ist deshalb fallbezogen als unbeachtlich einzustufen. Herr Vize darf somit bedenkenlos ernannt werden.

Lösung Aufgabe 2 c):

Zu prüfen ist auch hier, ob Herr Vize eingestellt werden darf.

Diesmal hat der Personalrat rechtzeitig reagiert. Auch liegt ein Zustimmungsverweigerungsgrund im Sinne von § 77 Abs. 4 Nr. 1 HPVG vor, denn der Dienststellenleiter hat gegen § 16 Abs. 1 Satz 2 Nr. 2 HGlG verstoßen, indem er die Frauenbeauftragte nicht ordnungsgemäß beteiligt hat. Dies ist ein Gesetzesverstoß. In diesem Fall muss die Beteiligung der Frauenbeauftragten zunächst **nachgeholt** werden. Herr Vize darf deshalb (noch) nicht ernannt werden.

Lösung Aufgabe 3:

Nachfolgend wird das weitere Verfahren im „Konfliktfall" bei einer Stadtverwaltung (kommunale Dienststelle mit einstufigem Verwaltungsaufbau) dargestellt:

Nach § 70 Abs. 5 HPVG ruft der Leiter der Dienststelle (hier: der Oberbürgermeister) oder der Personalrat innerhalb von zwei Wochen die **Einigungsstelle** an. Diese wird bei der obersten Dienstbehörde (hier: Magistrat) gebildet und besteht aus insgesamt sechs Beisitzern und einem neutralen Vorsitzenden, § 71 Abs. 1 HPVG. Die Einigungsstelle entscheidet nach mündlicher Verhandlung, die nicht öffentlich ist, durch Beschluss, § 71 Abs. 3 HPVG. Entscheidend ist die Stimmenmehrheit der Beisitzer (z. B. 4:3).

Nach § 71 Abs. 4 Satz 1 HPVG ist der Beschluss zu begründen, vom Vorsitzenden zu unterzeichnen und den Beteiligten unverzüglich zuzustellen. Nach Satz 2 hat der Beschluss den Charakter einer **Empfehlung** an die oberste Dienstbehörde. Der Magistrat könnte sich somit – durch entsprechende Beschlussfassung – über das Ergebnis der Einigungsstelle hinwegsetzen. Er hat also in diesen Fällen das sog. „Letztentscheidungsrecht".

Fall 2: Die Ernennungsurkunde

Die Gemeinde Hosenfeld möchte Frau Helga Hose, geb. am 03.03.1995, am 01.09.2015 als Anwärterin des mittleren allgemeinen Verwaltungsdienstes einstellen. Die Ernennungsurkunde soll bereits einige Tage vorher ausgehändigt werden.

Aufgabe 1:

Prüfen Sie, ob es vorliegend überhaupt einer **Ernennung** bedarf.

Aufgabe 2:

Bitte erstellen Sie die **Ernennungsurkunde**.

Lösung Aufgabe 1:

Zu prüfen ist, ob es zur Einstellung einer Beamtin einer Ernennung bedarf. Einer Ernennung bedarf es in den in § 8 Abs. 1 BeamtStG abschließend genannten Fällen. Fallbezogen soll ein Beamtenverhältnis (erstmals) begründet werden. Deshalb bedarf es hier einer Ernennung gemäß § 8 Abs. 1 Nr. 1 BeamtStG.

Lösung Aufgabe 2:

Gemeinde Hosenfeld | Wappen | Der Gemeindevorstand

Wir ernennen

Frau Helga Hose,
geboren am 03.03.1995,

mit Wirkung vom 01.09.2015

zur Sekretäranwärterin

unter Berufung in das Beamtenverhältnis auf Widerruf.

Hosenfeld, den 20.09.2015

(Müller) Bürgermeister | (Meier) Erster Beigeordneter

Fall 3: Die fehlerhafte Ernennung

Herr Oliver Rückert ist als Oberinspektor im Beamtenverhältnis auf Lebenszeit bei einem hessischen Landkreis tätig. Nach Durchführung einer analytischen Dienstpostenbewertung ist vorgesehen, die Herrn Rückert zugeordnete Planstelle im Rahmen des Stellenplans 2016 von Besoldungsgruppe A 10 HBesG nach Besoldungsgruppe A 11 HBesG anzuheben. Mit der Genehmigung des Haushalts- und Stellenplans 2016 ist voraussichtlich Ende Mai 2016 zu rechnen. Der Landrat als sein Dienstvorgesetzter möchte Herrn Rückert besonders fördern und überreichte ihm deshalb bereits am 15. März 2016 eine Ernennungsurkunde, durch die Herr Rückert „mit Wirkung vom 01. Februar 2016 zum Amtmann" ernannt wurde. Die Frauenbeauftragte hatte zuvor keine Bedenken gegen die Ernennung geäußert. Der Personalrat hat seine Zustimmung zu einer entsprechenden Vorlage der Dienststelle form- und fristgerecht verweigert.

Aufgabe 1:

Erläutern Sie, ob vorliegend eine **wirksame Ernennung** zum Amtmann zustande gekommen ist.

Aufgabe 2:

Der Landrat hat im Nachhinein rechtliche Bedenken hinsichtlich der Aushändigung der Urkunde. Er erfährt, dass rückwirkende Ernennungen „dem Beamtenrecht fremd sind" und dass zum Zeitpunkt der Ernennung definitiv keine freie Planstelle der Besoldungsgruppe A 11 HBesG für Herrn Rückert vorhanden war. Erläutern Sie, ob eine **Rücknahme** der Ernennung infrage kommt.

Aufgabe 3:

Herr Rückert erfährt, dass der Landrat inzwischen den Justiziar der Kreisverwaltung beauftragt hat, die rechtliche Möglichkeit einer Rücknahme der Beförderung zu prüfen. Dadurch sieht Herr Rückert das Vertrauensverhältnis zu seinem Dienstvorgesetzten als zerstört an und bittet in einem kurzfristig anberaumten Vieraugengespräch mit dem Landrat mündlich um **Entlassung** aus dem Beamtenverhältnis zum nächstmöglichen Zeitpunkt.

Prüfen und erläutern Sie fallbezogen, ob der Landrat diesem Wunsch nachkommen wird.

Lösung Aufgabe 1:

Zu prüfen ist, ob vorliegend eine **wirksame Ernennung** zum Amtmann zustande gekommen ist. Eine Ernennung läge vor, wenn dem Beamten eine wirksame Ernennungsurkunde ausgehändigt worden wäre. Anhaltspunkte, die gegen die Wirksamkeit der Ernennung sprechen (u. a. Form nach § 8 Abs. 2 BeamtStG, Aushändigung der Urkunde gemäß § 9 Abs. 4 Satz 1 HBG) liegen nicht vor.

Die Ernennung verstößt zwar gegen §§ 49, 118 LHO. Dieser Verstoß ist aber nur haushaltsrechtlicher Natur und führt beamtenrechtlich **nicht zur Unwirksamkeit** der Ernennung.

Es liegt nämlich weder eine sog. „Nichternennung" vor noch ist ein Nichtigkeitstatbestand des (die Nichtigkeit abschließend regelnden) § 11 Abs. 1 BeamtStG erfüllt. Damit ist die Ernennung grundsätzlich als wirksam anzusehen.

Nach § 8 Abs. 4 BeamtStG darf eine Ernennung jedoch nicht **rückwirkend** erfolgen. Daraus folgt, dass die Ernennung „insoweit", d. h. für die Zeit vom 1. Februar bis 14. März 2016, unwirksam ist.

Schließlich hat auch die Tatsache, dass der **Personalrat** der Beförderung nicht gemäß § 77 Abs. 1 Nr. 1 Buchst. a, § 69 Abs. 1 HPVG zugestimmt hat, keine Unwirksamkeit der Ernennung zur Folge. Sie führt vielmehr lediglich zur Rechtswidrigkeit der Ernennung.

Im Ergebnis ist die Beförderung wirksam, Herr Rückert ist ab dem 15. März 2016 Amtmann.

Lösung Aufgabe 2:

Zu prüfen ist, ob eine Rücknahme der Ernennung infrage kommt. Die Rücknahme einer Ernennung ist in § 12 BeamtStG **abschließend** geregelt. Die Tatbestände dieser Norm sind fallbezogen jedoch nicht erfüllt. Insbesondere stellt ein Verstoß gegen haushaltsrechtliche Vorschriften keinen beamtenrechtlichen Rücknahmegrund dar. Auch der Tatbestand des § 12 Abs. 1 Nr. 4 BeamtStG ist nach Auffassung des Verfassers nicht erfüllt, da der Personalrat keine „unabhängige Stelle" ist.

Eine Rücknahme der rechtswidrigen, aber wirksamen Ernennung kommt somit nicht infrage.

Lösung Aufgabe 3:

Fraglich ist, ob der Landrat dem Wunsch des Beamten nachkommen wird.

Ein Beamter kann zwar jederzeit seine Entlassung verlangen; § 23 Abs. 1 Nr. 4 BeamtStG sieht hierfür aber zwingend die **Schriftform** vor. Diese Schriftform sowie das weitere Verfahren werden in § 29 Abs. 1 und 2 HBG konkretisiert.
Im Ergebnis liegt fallbezogen kein schriftlicher Antrag vor (vgl. hierzu auch § 22 Satz 2 Nr. 2 HVwVfG), sodass der Landrat die Entlassung nicht aussprechen wird.

Fall 4: Die Laufbahn der Frau Stoll

Frau Nina Stoll, geb. am 22.2.1995, bewarb sich um die Stelle einer Sekretäranwärterin beim Kreisausschuss des Vogelsbergkreises. Zuvor war sie als Frisörin in einem Salon in Schlitz tätig. Nach erfolgreicher Teilnahme am Auswahlverfahren wurde sie mit Wirkung vom 01.09.2013 zur Sekretäranwärterin (BaW) ernannt. Eine unmittelbare Übernahme in das Beamtenverhältnis auf Probe ist vorgesehen.

Aufgabe 1:

Bis wann dauert der **Vorbereitungsdienst**, wenn ihr das Ergebnis der bestandenen Laufbahnprüfung am Vormittag des 27.08.2015 mitgeteilt wird?

Aufgabe 2:

In **welches** Beamtenverhältnis kann Frau Stoll anschließend berufen werden, und bedarf es hierzu einer Ernennung? Falls ja, bitte fertigen Sie auch gleich die entsprechende Ernennungsurkunde.

Aufgabe 3:

Wann kann Frau Stoll „normalerweise“ mit ihrer Verbeamtung auf **Lebenszeit** rechnen? Bitte fertigen Sie auch die entsprechende Ernennungsurkunde.

Aufgabe 4:

Wann kann – Normalleistungen vorausgesetzt – die erste **Beförderung** erfolgen? Bitte fertigen Sie auch die entsprechende Ernennungsurkunde.

Aufgabe 5:

Angenommen, Frau Stoll besteht die Laufbahnprüfung und erbringt in ihrer Probezeit **hervorragende** Leistungen: Zu welchem Zeitpunkt können frühestens die Verbeamtung auf Lebenszeit und die erste Beförderung erfolgen?

Lösung Aufgabe 1:

Zu prüfen ist der Zeitpunkt der Beendigung des Vorbereitungsdienstes.

Der Vorbereitungsdienst im mittleren Dienst dauert nach § 14 HLVO mindestens 1 Jahr. Gemäß § 5 Satz 1 APOmD dauert der Vorbereitungsdienst in der Fachrichtung „Allgemeine Verwaltung“ vorliegend **2 Jahre.**

Der Vorbereitungsdienst endet mit Ablauf des Tages, an dem das Bestehen der Laufbahnprüfung bekannt gegeben wird, § 22 Abs. 4 BeamtStG, § 19 Abs. 1 Satz 3 Nr. 1 HLVO. Somit dauert der Vorbereitungsdienst bis einschließlich **27.08.2015.**

Lösung Aufgabe 2:

Nach Ablauf des Vorbereitungsdienstes kann Frau Stoll zur Sekretärin (Eingangsamt des mittleren Dienstes, Besoldungsgruppe A 6 HBesG) unter Berufung in das Beamtenverhältnis **auf Probe** ernannt werden, § 4 Abs. 3 Buchst. a BeamtStG. Hierzu bedarf es einer Ernennung gemäß § 8 Abs. 1 Nr. 1 BeamtStG (Begründung eines Beamtenverhältnisses; eine Umwandlung im Sinne von § 8 Abs. 1 Nr. 2 scheidet aus, da das Beamtenverhältnis auf Widerruf mit Ablauf des 27.08.2015 endet und deshalb nicht mehr umgewandelt werden kann).

<u>Ernennungsurkunde:</u>

Vogelsbergkreis	Wappen	Der Kreisausschuss
	Wir ernennen Frau Nina Stoll, geboren am 22. Februar 1995, mit Wirkung vom 28. August 2015 zur Sekretärin unter Berufung in das Beamtenverhältnis auf Probe. Lauterbach, den 20.08.2015	
(Pomm) Landrat		(Fritz) Erster Kreisbeigeordneter

Lösung Aufgabe 3:

Nach § 10 BeamtStG, § 20 Abs. 2 HBG, § 9 Abs. 2 HLVO muss sich die Beamtin zunächst in einer dreijährigen Probezeit voll bewähren. Eine Anrechnung hauptberuflicher Zeiten gemäß § 9 Abs. 4 HLVO kommt vorliegend nicht infrage (die Beamtin war zuvor laut Sachverhalt als Frisörin beschäftigt).

Hieraus ergibt sich folgender Werdegang:

01.09.2013 Sekretäranwärterin (BaW)
28.08.2015 Sekretärin (BaP)
28.08.2018 BaL (3 Jahre Probezeit)

Frau Stoll kann also knapp fünf Jahre nach ihrer ersten Ernennung in das Beamtenverhältnis auf Lebenszeit berufen werden.

Ernennungsurkunde:

Vogelsbergkreis	Wappen	Der Kreisausschuss
	Wir berufen Frau Sekretärin Nina Stoll, geboren am 22. Februar 1995, mit Wirkung vom 28. August 2018 in das Beamtenverhältnis auf Lebenszeit. Lauterbach, den 20.08.2018	
(Pomm) Landrat		(Fritz) Erster Kreisbeigeordneter

Lösung Aufgabe 4:

Unabhängig von der Berufung in das Beamtenverhältnis auf Lebenszeit ist die Möglichkeit der (ersten) Beförderung zu prüfen. Die Definition einer Beförderung findet sich in § 2 Abs. 5 HLVO. Danach handelt es sich um die Verleihung eines anderen Amts derselben Laufbahngruppe mit höherem Grundgehalt. Fallbezogen soll der Sekretärin Stoll (Besoldungsgruppe A 6 HBesG) das Amt einer Obersekretärin verliehen werden (Besoldungsgruppe A 7 HBesG). Beide Ämter gehören der Laufbahngruppe des mittleren Dienstes an, wobei die Besoldungsgruppe A 7 HBesG ein höheres Grundgehalt beinhaltet. Damit sind die Tatbestandsmerkmale einer Beförderung erfüllt.

Zu einer solchen Beförderung bedarf es gemäß § 8 Abs. 1 Nr. 3 BeamtStG einer Ernennung.

Zu beachten sind jedoch die beamtenrechtlichen Wartezeiten, auch Beförderungsverbote genannt: Nach § 21 Abs. 1 Satz 1 Nr. 1 HBG darf eine Beförderung während der Probezeit nicht erfolgen.

Unter Berücksichtigung der dreijährigen Probezeit des § 9 Abs. 2 HLVO kann Frau Stoll somit frühestens am Tag nach Ablauf der Probezeit, somit am **28.08.2018** zur Obersekretärin befördert werden. Ein Ausnahmetatbestand des § 23 Abs. 2 Nr. 6 HBG, § 10 Abs. 1 HLVO (hervorragende Leistungen während der Probezeit) liegt fallbezogen nicht vor (der Sachverhalt spricht ausdrücklich von „Normalleistungen").

In diesem Fall erhielte Frau Stoll – alternativ – die folgende Ernennungsurkunde:

Vogelsbergkreis	Wappen	Der Kreisausschuss

Wir ernennen
Frau Sekretärin
Nina Stoll,
geboren am 22. Februar 1995,

mit Wirkung vom 28. August 2018

zur Obersekretärin
unter Berufung in das Beamtenverhältnis auf Lebenszeit.

Lauterbach, den 20.08.2018

(Pomm) Landrat — (Fritz) Erster Kreisbeigeordneter

Lösung Aufgabe 5:

Zu prüfen ist, ob die Erbringung „hervorragender Leistungen" in der beamtenrechtlichen Probezeit Auswirkungen auf den Termin der Verbeamtung auf Lebenszeit sowie auf die frühestmögliche Beförderung hat.

Wie in der Lösung zu Aufgabe 4 bereits angedeutet, kann die **Beförderung** in diesem Fall gemäß § 23 Abs. 2 Nr. 6 HBG, § 10 Abs. 1 HLVO bereits nach Ablauf von 2 Jahren der Probezeit erfolgen, somit am **28.08.20<u>17</u>**.

Auf den Termin der **Verbeamtung auf Lebenszeit** haben hervorragende Leistungen dagegen keine Auswirkungen; hier bleibt es fallbezogen beim 28.08.2018 als frühestmöglichem Termin.

Fall 5: Der Aufstieg in den gehobenen Dienst

Frau Michaela Mittermeier ist Amtsinspektorin im Beamtenverhältnis auf Lebenszeit beim Landkreis Hersfeld-Rotenburg. Seit dem 01.09.2012 besucht sie den Studiengang für den gehobenen Dienst an der Hessischen Hochschule für Polizei und Verwaltung. Die Laufbahnprüfung für den gehobenen Dienst wird sie voraussichtlich Ende August 2015 mit Erfolg ablegen. Beim Landkreis steht eine nach A 11 HBesG bewertete Planstelle zur Verfügung. Frau Mittermeier soll unmittelbar nach Bestehen der Laufbahnprüfung Aufgaben wahrnehmen, die im Stellenplan nach A 11 HBesG bewertet werden. Während der „Fachhochschulausbildung" wird sie in verschiedenen Ausbildungsbereichen des Landratsamtes eingesetzt.

Aufgabe 1:

Erläutern Sie, ob der Aufstieg in den gehobenen Dienst auch ohne (Fach-)Hochschulreife möglich ist und unter welchen Voraussetzungen Frau Mittermeier frühestens zur **Amtfrau** ernannt werden könnte.

(Bearbeitungshinweis: eine Kürzung der Einführungszeit ist bei dem Landkreis nicht vorgesehen)

Aufgabe 2:

Erläutern Sie, wie verfahren werden müsste, wenn die Beamtin eine Modulprüfung – in Abwandlung des Sachverhalts – einmal bzw. zweimal **nicht bestehen** würde.

Lösung Aufgabe 1:

Zu prüfen ist, ob der Aufstieg in den gehobenen Dienst möglich ist.

Nach § 21 Abs. 3 HBG, § 36 HLVO ist ein solcher Aufstieg in den gehobenen Dienst auch ohne (Fach-)Abitur möglich. Die Entscheidung über den Aufstieg (Zulassung) trifft die oberste Dienstbehörde; fallbezogen ist dies gemäß § 3 Abs. 8 HBG i. V. m. § 46 Abs. 1 HKO der Kreisausschuss des Landkreises Hersfeld-Rotenburg. Die **Einführungszeit** in die Aufgaben des gehobenen Dienstes dauert 3 Jahre, § 36 Abs. 2 Satz 2 HLVO (eine Kürzung scheidet gemäß Bearbeitungshinweis aus). Währenddessen besucht die Beamtin – übrigens gemeinsam mit Inspektoranwärtern (BaW) im Vorbereitungsdienst – den Studiengang für den gehobenen Dienst an der Hessischen Hochschule für Polizei und Verwaltung, an deren Ende die **Laufbahnprüfung** abzulegen ist, § 36 Abs. 3 Satz 1 HLVO.

Die Vorschrift des § 19 Abs. 1 Satz 3 Nr. 1 HLVO (Beendigung der Ausbildung mit Ablauf des Tages der Bekanntgabe des Prüfungsergebnisses) ist hier nicht anzuwenden, da es sich bei dem hier zu beurteilenden Aufstieg nicht um einen „Vorbereitungsdienst" handelt. Damit endet die Einführungszeit fallbezogen mit Ablauf des 31.08.2015.

Nach erfolgreicher Einführung ist eine **Bewährungszeit** in die Aufgaben des gehobenen Dienstes von mindestens einem Jahr (hier: 01.09.2015 bis 31.08.2016) zu absolvieren, § 36 Abs. 4 HLVO.

Somit kann die Ernennung zur Inspektorin (Eingangsamt des gehobenen Dienstes, § 20 Abs. 1 Satz 1 HBG, § 25 Abs. 1 Nr. 2 HBesG) frühestens am 01.09.2016 erfolgen. Einer Ernennung bedarf es vorliegend gemäß § 8 Abs. 1 Nr. 4 BeamtStG i.V.m. § 9 Abs. 1 HBG (Verleihung eines anderen Amts mit anderer Amtsbezeichnung beim Wechsel der Laufbahngruppe).

Eine beamtenrechtliche Probezeit ist fallbezogen nicht abzuleisten, denn Frau Stoll befindet sich bereits im Beamtenverhältnis auf Lebenszeit.

Da es sich bei der Ernennung zur Inspektorin nicht um eine „Beförderung" handelt (vgl. Definition in § 2 Abs. 5 HLVO), greift das zweijährige Beförderungsverbot des § 21 Abs. 1 Satz 1 Nr. 2 HBG nicht. Jedoch ist § 36 Abs. 6 HLVO zu beachten, wonach das erste Beförderungsamt des gehobenen Dienstes nicht vor Ablauf eines Jahres nach dem Laufbahngruppenwechsel verliehen werden darf. Eine **Beförderung zur Oberinspektorin** kann somit frühestens am 01.09.2017 erfolgen.

Danach greifen die regulären Fristen des § 21 Abs. 1 Satz 1 Nr. 2 HBG, sodass die **Beförderung zur Amtfrau** frühestens am 01.09.2019 erfolgen könnte. Ausnahmen wären mit Zustimmung des Direktors des LPA (vgl. § 97 HBG) möglich, § 21 Abs. 2 Satz 3 HBG.

Lösung Aufgabe 2:

Zu prüfen sind die Rechtsfolgen für eine Aufstiegsbeamtin bei Nichtbestehen der Laufbahnprüfung.
Nach § 28 Abs. 1 APOgD AV kann jede Modulprüfung bei Nichtbestehen einmal **wiederholt** werden.

Gemäß § 36 Abs. 3 Satz 2 HLVO treten Aufstiegsbeamte, die auch nach Wiederholung die Laufbahnprüfung nicht bestehen, in die bisherige Beschäftigung zurück.
Frau Stoll würde somit in der Laufbahn des mittleren Dienstes in der Fachrichtung Allgemeine Verwaltung verbleiben und als Amtsinspektorin fleißg ihren Dienst leisten.

Fall 6: Der Aufstieg in den höheren Dienst

Die beiden Oberinspektoren Hunger und Durst wollen „Karriere“ in der Fachrichtung allgemeine Verwaltung machen. Beide wollen in den höheren Dienst aufsteigen. Herr Hunger hat den Studiengang „Master of Public Management“ an der Hessischen Hochschule für Polizei und Verwaltung erfolgreich absolviert, Herr Durst hielt dies für nicht notwendig.

Aufgabe:

Bitte zeigen Sie den beiden Beamten den Weg in den **höheren Dienst** auf.

Lösung:

Der Aufstieg in den höheren Dienst kann in Hessen für besonders qualifizierte Beamte des gehobenen Dienstes auf zwei unterschiedlichen Wegen erfolgen:
Möglich sind der Qualifizierungsaufstieg (§ 37 HLVO) und der in der Praxis wohl häufiger vorkommende Erfahrungsaufstieg (§ 38 HLVO).

Grundvoraussetzung für jeden Aufstieg ist zunächst die Übertragung einer **Planstelle** des höheren Dienstes (mindestens Bewertung nach Besoldungsgruppe A 13 h. D. – Verwaltungsrat –).

Fallbezogen kommt für Herrn Hunger der **Qualifikationsaufstieg** infrage, weil der Beamte das erforderliche Masterstudium erfolgreich absolviert hat. Weitere Voraussetzung sind eine achtjährige Tätigkeit im gehobenen Dienst sowie hervorragende Beurteilungen in den letzten drei Jahren. Ein schrittweiser Werdegang bis in das Spitzenamt des gehobenen Dienstes (Oberamtsrat, Besoldungsgruppe A 13 HBesG) ist gerade <u>nicht</u> Voraussetzung für diesen Aufstieg.

Herr Hunger muss sich in einer zweijährigen berufspraktischen Einführung in die Aufgaben des höheren Dienstes bewähren. Sodann kann er zum Verwaltungsrat (Eingangsamt des höheren Dienstes) ernannt werden. Einer Ernennung bedarf es vorliegend gemäß § 8 Abs. 1 Nr. 3 BeamtStG, da es sich um ein anderes Amt mit anderem Grundgehalt handelt. Herr Hunger erhält nach dem Laufbahngruppenwechsel weiterhin Gehalt nach Besoldungsgruppe A 13 HBesG. Nach erfolgtem Aufstieg ist das einjährige Beförderungsverbot des § 37 Abs. 4 HLVO zu beachten.

<u>Möglicher Werdegang:</u>

01.01.2008 Inspektor
01.01.2012 Oberinspektor (beachte Beförderungsverbot des § 21 Abs. 1 Satz 1 Nr. 1 HBG)
01.01.2016 Beginn Einführungszeit (Stellenübertragung A 13 h. D.)
01.01.2018 Verwaltungsrat
01.01.2019 Verwaltungsoberrat

Herrn Durst bleibt dieser attraktive Weg leider versperrt. Da er nicht über das o. g. „Masterstudium“ verfügt, bleibt ihm nur die Möglichkeit des **Erfahrungsaufstiegs** nach § 38 HLVO. Hiernach muss zunächst das Spitzenamt des gehobenen Dienstes (Oberamtsrat, A 13 HBesG) erreicht werden. Zu beachten sind in diesem Zusammenhang die Beförderungsverbote des § 21 Abs. 1 Satz 1 Nr. 2 HBG (zwei Jahre nach jeder Beförderung). Sind die stellenplantechnischen Voraussetzungen erfüllt (Übertragung einer Planstelle des höheren Dienstes), kann eine Ernennung zum Verwaltungsrat erfolgen. Hierfür muss sich der Beamte zwei Jahre in einem Amt der Besoldungsgruppe A 13 g. D. befunden und in den letzten drei Jahren hervorragende Beurteilungen erhalten haben. Einer Ernennung zum Verwaltungsrat bedarf es hier gemäß § 8 Abs. 1 Nr. 4 BeamtStG, § 9 Abs. 1 HBG, da es sich um einen Wechsel der Laufbahngruppe handelt. Herr Durst erhält nach dem Laufbahngruppenwechsel weiterhin Gehalt nach Besoldungsgruppe A 13 HBesG. Das erste Beförderungsamt (Verwaltungsoberrat) darf ihm nicht vor Ablauf eines Jahres nach dem Laufbahngruppenwechsel verliehen werden, § 38 Abs. 3 HLVO.

Möglicher Werdegang:

01.01.2008	Inspektor
01.01.2012	Oberinspektor (beachte Beförderungsverbot des § 21 Abs. 1 Satz 1 Nr. 1 HBG)
01.01.2014	Amtmann (beachte Beförderungsverbot des § 21 Abs. 1 Satz 1 Nr. 2 HBG)
01.01.2016	Amtsrat
01.01.2018	Oberamtsrat
01.01.2020	Verwaltungsrat
01.01.2021	Verwaltungsoberrat (vgl. § 38 Abs. 3 HLVO)

Das Ergebnis zeigt, dass der Qualifikationsaufstieg fallbezogen spürbar schneller zum Ziel führt.

Fall 7: Der andere Bewerber

Für das Presseamt der Stadt Fulda wird ein in „Öffentlichkeitsarbeit" erfahrener Mitarbeiter gesucht. Die Einstellung soll im Beamtenverhältnis (Besoldungsgruppe A 12 HBesG) erfolgen. Nach Durchführung des Personalauswahlverfahrens hat der Magistrat beschlossen, Frau Kirsten Kolumna (45 Jahre) mit Wirkung vom 01.01.2016 als Amtsrätin einzustellen. Sie war zuvor noch nie im öffentlichen Dienst beschäftigt, allerdings 7 Jahre als leitende Redakteurin bei einer großen hessischen Tageszeitung tätig.

Aufgabe 1:

Prüfen und erläutern Sie, ob die Einstellung in das **Beamtenverhältnis** grundsätzlich möglich ist und ob die Ernennung zur **Amtsrätin** wie beabsichtigt bereits am 01.01.2016 erfolgen kann.

Aufgabe 2:

Erläutern Sie, in **welches** Beamtenverhältnis Frau Kolumna eingestellt wird.

Lösung Aufgabe 1:

Die Voraussetzungen für die Berufung in das Beamtenverhältnis sind in § 7 BeamtStG genannt (u. a. deutsche Staatsangehörigkeit, Eintreten für die FDGO sowie die nach Landesrecht vorgeschriebene Befähigung).

Nach § 8 HBG kann die Befähigung in Hessen entweder als Laufbahnbewerberin oder als **„andere Bewerberin"** erworben werden.

Bei anderen Bewerbern regelt § 19 Satz 4 HBG die Feststellung der Befähigung der Bewerberin durch den Direktor des LPA im Einvernehmen mit dem Magistrat der Stadt Fulda (vgl. § 3 Abs. 8 HBG i. V. m. § 73 Abs. 1 HGO, § 9 Abs. 2 Satz 2 HGO).

§ 11 Abs. 1 HLVO beinhaltet ein besonderes **Höchstalter** für andere Bewerber. Dieses besondere Höchstalter liegt bei 50 Jahren und wird fallbezogen von Frau Kolumna unterschritten.

Inhaltlich fordert § 35 HLVO eine mindestens **vierjährige** hauptberufliche Tätigkeit (hier: 7 Jahre), die der Tätigkeit des Eingangsamtes der jeweiligen Laufbahn gleich zu bewerten ist. Hier ist davon auszugehen, dass die Tätigkeit einer leitenden Redakteurin einer großen hessischen Tageszeitung mindestens der Laufbahn des gehobenen Dienstes in der allgemeinen Verwaltung entspricht.

Im Ergebnis ist somit eine Einstellung im Beamtenverhältnis möglich.

Allerdings hat die erste Ernennung grundsätzlich im **Eingangsamt** zu erfolgen, § 20 Abs. 1 Satz 1 HBG. Dies wäre das Amt der Inspektorin (Besoldungsgruppe A 9 HBesG). Eine unmittelbare Ernennung zur Amtsrätin (A 12 HBesG) wäre jedoch ausnahmsweise gemäß § 20 Abs. 1 Satz 5 HBG mit Zustimmung des Direktors des LPA möglich.

Lösung Aufgabe 2:

Zu prüfen ist, in welches Beamtenverhältnis Frau Kolumna berufen werden kann. Ein Beamtenverhältnis auf Widerruf und ein Beamtenverhältnis auf Zeit kommen vorliegend nicht infrage.

Eine unmittelbare Verbeamtung auf Lebenszeit ist nach § 10 BeamtStG, § 20 Abs. 2 HBG, § 9 Abs. 2 HLVO nicht möglich, da noch keinerlei „Probezeitbewährung" vorliegt. Von den vorhandenen 7 Jahren als Redakteurin (vergleichbar gehobener Dienst) werden 4 Jahre für § 35 HLVO benötigt (siehe Aufgabe 1), sodass noch 3 Jahre verbleiben, deren Anrechnung auf die Probezeit zu prüfen ist.

Nach § 9 Abs. 2 Satz 2, Abs. 3 Satz 2, Abs. 4 Satz 1 HLVO ist eine Anrechnung von zwei Jahren bis zur **Mindestprobezeit** von einem Jahr möglich, sodass Frau Kolumna am 01.01.2016 unter Berufung in das Beamtenverhältnis **auf Probe** ernannt werden kann.

Eine Berufung in das Beamtenverhältnis auf Lebenszeit kann dann frühestens nach Ablauf der einjährigen Mindestprobezeit zum 01.01.2017 erfolgen.

Fall 8: Die Versetzung nach Südhessen

Beim Landkreis Waldeck-Frankenberg sind die Eheleute Paul und Paula Meier beschäftigt. Herr Meier steht als Inspektor im Beamtenverhältnis auf Lebenszeit und ist in der Führerscheinstelle beschäftigt.

Frau Meier arbeitet als Tarifbeschäftigte im Jugendamt.

Die Eheleute haben kürzlich einen großen Bungalow mit Swimmingpool in Frankfurt am Main geerbt. Außerdem wohnen einige ihrer Freunde und Verwandten im Rhein-Main-Gebiet. Die Eheleute haben deshalb beschlossen, ihren Wohnsitz baldmöglichst nach Südhessen zu verlegen. Sie haben sich dort bereits bei verschiedenen Behörden beworben.

Heute kommen sie in das Personalamt des Landkreises Waldeck-Frankenberg und erklären, jeweils eine schriftliche Einstellungszusage (Herr Meier als Beamter und Frau Meier als Tarifbeschäftigte) von der Stadt Frankfurt am Main erhalten zu haben.

Herr Meier möchte im Wege der **Versetzung** nach Frankfurt wechseln.

Aufgabe 1:

Klären Sie den **Begriff** der Versetzung und prüfen Sie, auf welcher **Rechtsgrundlage** eine beamtenrechtliche Versetzung vorliegend erfolgen könnte.

Aufgabe 2:

Worin besteht der wesentliche Unterschied zur **Abordnung?**

Aufgabe 3:

Was versteht man unter einer **Umsetzung?**

Aufgabe 4:

Bitte erläutern Sie fallbezogen das Versetzungs**verfahren.**

Aufgabe 5:

Auch Frau Meier möchte, um ihre im öffentlichen Dienst erworbenen Rechte zu wahren, im Wege einer Versetzung nach Frankfurt wechseln.

Nehmen Sie dazu bitte kurz Stellung.

Lösung Aufgabe 1:

Eine Versetzung ist die dauerhafte Zuweisung einer Tätigkeit bei einer **anderen Dienststelle**

- desselben Dienstherrn (z. B. vom Finanzamt Limburg zum Finanzamt Wiesbaden) oder

- bei einem anderen Dienstherrn (z. B. vom Landkreis Waldeck-Frankenberg zur Stadt Frankfurt am Main).

Die Versetzung ist ein Verwaltungsakt im Sinne von § 35 Satz 1 HVwVfG. Dabei wird das Beamtenverhältnis fortgesetzt, vgl. § 29 Abs. 4 HBG.

Als Rechtsgrundlage greift § 15 BeamtStG nicht, da es sich vorliegend um zwei dem HBG unterliegende Dienstherren handelt (vgl. § 13 BeamtStG). Die Versetzung kann deshalb ausschließlich nach den landesrechtlichen Bestimmungen der **§§ 24 und 26 HBG** erfolgen.

Lösung Aufgabe 2:

Die Abordnung ist **vorübergehender** Natur, die Versetzung dagegen dauerhaft. Eine Versetzung kann auf Antrag des Beamten erfolgen, bei der Abordnung sieht der Gesetzeswortlaut eine solche Möglichkeit nicht vor. Im Gegensatz zu einer Versetzung kann eine Abordnung auch teilweise erfolgen. Während die Versetzung stets der Mitbestimmung der Personalvertretung unterliegt, gilt dies im Falle der Abordnung nur bei einer Dauer von mehr als 6 Monaten, § 77 Abs. 1 Nr. 1 Buchst. d HPVG.
Bei einer Abordnung bleibt der Beamte Teil seiner Stammdienststelle, während er bei einer Versetzung gerade die Dienststelle wechselt.

Lösung Aufgabe 3:

Eine Umsetzung erfolgt **innerhalb der Dienststelle** (z. B. vom Ordnungsamt zum Jugendamt). Möglich ist dabei auch ein Dienstortwechsel. Dabei ist zu beachten, dass Gemeinden und Gemeindeverbände gemäß § 7 Abs. 1 Satz 2 HPVG jeweils nur eine Dienststelle bilden, sodass ein Wechsel von der Hauptverwaltungsstelle eines Landratsamtes zu einer Außenstelle keine Versetzung darstellen würde, sondern eine Umsetzung.

Lösung Aufgabe 4:

Zu erläutern ist fallbezogen das Verwaltungsverfahren.
Nach erfolgreicher Bewerbung des Herrn Meier erfolgt ein Schriftwechsel zwischen den betroffenen Dienstherren. Der aufnehmende Dienstherr (hier: Stadt Frankfurt am Main)

nimmt regelmäßig Einblick in die Personalakte des Bewerbers (dieser ist vorher zu fragen, ob er mit der Akteneinsicht einverstanden ist).

Der aufnehmende Dienstherr gibt gegenüber dem abgebenden Dienstherrn eine Einverständniserklärung ab („Wir bitten Sie, Herrn Meier mit Wirkung vom ... in den Geschäftsbereich der Stadt Frankfurt am Main zu versetzen.“).

Nun erfolgt der eigentliche Verwaltungsakt, nämlich die **Versetzungsverfügung** des abgebenden Dienstherrn an Herrn Meier. Zuständig hierfür ist die oberste Dienstbehörde, also der Kreisausschuss des Landkreises Waldeck-Frankenberg. Von dieser Versetzungsverfügung erhält die Stadt Frankfurt am Main eine Durchschrift.

Nach Wirksamwerden der Versetzung ist der Inspektor Meier weiterhin Beamter auf Lebenszeit mit unverändertem Status, lediglich bei einem anderen Dienstherrn.

Beide Personalräte haben im Vorfeld mitzubestimmen gemäß § 77 Abs. 1 Nr. 1 Buchst. a bzw. Buchst. d, § 69 Abs. 1 HPVG. Demzufolge sind auch die beiden Frauenbeauftragten zu beteiligen, § 16 Abs. 1 Satz 2 Nr. 2 HGlG.

Zur Verteilung der Versorgungslasten vgl. § 83 HBeamtVG.

Lösung Aufgabe 5:

Zu prüfen ist eine <u>arbeitsrechtliche</u> Versetzung nach § 4 Abs. 1 TVöD. Eine solche Versetzung ist – im Gegensatz zum Beamtenrecht – nur zwischen Dienststellen **desselben** Arbeitgebers möglich. Unter Berücksichtigung des personalvertretungsrechtlichen Dienststellenbegriffs (vgl. § 7 Abs. 1 Satz 2 HPVG; der Landkreis Waldeck-Frankenberg ist ein Gemeindeverband in diesem Sinne) scheidet eine Versetzung fallbezogen aus.

Frau Meier müsste somit ihr Arbeitsverhältnis **kündigen**. Zu beachten sind die Kündigungsfristen des § 34 Abs. 1 TVöD. Alternativ kommt ein **Auflösungsvertrag** nach § 33 Abs. 1 Buchst. b TVöD infrage, für den keinerlei Fristen gelten.
Zur Schriftform vgl. § 623 BGB.

Fall 9: Alternativen zur Versetzung

Frau Heidi Müller (28 Jahre) ist Beamtin auf Lebenszeit bei der Stadt Wiesbaden. Sie wurde zuletzt am 1. Oktober 2014 zur Oberinspektorin befördert. Im Juli 2016 teilt sie ihrem Dienstherrn mündlich mit, dass sie sich erfolgreich um eine höherwertige Stelle bei der Stadt Kassel, ihrer Heimatstadt, beworben habe. Die neue Stelle möchte sie bereits am 1. September 2016 dauerhaft antreten.

Aufgabe 1:

Erläutern Sie ausführlich drei verschiedene **Möglichkeiten**, den gewünschten nicht nur vorübergehenden Dienstherrenwechsel zu realisieren. Gehen Sie dabei auch auf das jeweilige Verfahren, etwaige Fristen und die Beteiligung der Personalräte ein.

Aufgabe 2:

Die Stadt Kassel möchte Frau Müller baldmöglichst zur Amtfrau **befördern**. Erläutern Sie, wann dies frühestens möglich wäre und zeigen Sie die Rechtsfolgen für die Wirksamkeit der Beförderung auf für den Fall, dass eine Beteiligung des Personalrats dabei nicht erfolgt.

Aufgabe 3:

Frau Müller möchte sich künftig verstärkt der Erziehung ihrer in ihrem Haushalt lebenden neunjährigen Tochter widmen und nur noch **10 Wochenstunden** arbeiten. Erläutern Sie, ob ein Anspruch hierauf besteht.

Aufgabe 4:

Frau Müller möchte wissen, ob im Falle einer weiteren Schwangerschaft die Vorschriften des **Mutterschutzgesetzes** für ihr Beamtenverhältnis Anwendung finden. Erläutern Sie dabei auch die Auswirkungen mutterschutzrechtlicher Beschäftigungsverbote auf die Gewährung beamtenrechtlicher Dienstbezüge.

Lösung Aufgabe 1:

Zu untersuchen sind die verschiedenen Möglichkeiten eines Dienstherrenwechsels. Laut Aufgabenstellung kommen lediglich „nicht nur vorübergehende“ Möglichkeiten in Betracht, sodass eine beamtenrechtliche Abordnung ausscheidet.

Folgende Möglichkeiten des Dienstherrenwechsels sind fallbezogen zu erkennen:

a) **Entlassung** auf Antrag der Beamtin **und** anschließende **Ernennung:**
Nach § 23 Abs.1 Nr. 4 BeamtStG ist die Beamtin aus dem Dienst der Stadt Wiesbaden zu entlassen, wenn sie dies schriftlich gegenüber ihrem Dienstherrn verlangt.

Die Entlassung ist für den beantragten Zeitpunkt auszusprechen; sie kann gemäß § 29 Abs. 2 HBG für maximal drei Monate **hinausgeschoben** werden (dann keine Einhaltung des gewünschten Termins).

Von der Stadt Wiesbaden erhält die Beamtin eine Entlassungsurkunde (dies ist ein VA), von der Stadt Kassel eine Ernennungsurkunde (dies ist ebenfalls ein VA; Begründung eines Beamtenverhältnisses gemäß § 8 Abs. 1 Nr. 1 BeamtStG).

Einer Mitbestimmung des **Personalrats** des abgebenden Dienstherrn bedarf es dabei nicht (vgl. § 77 Abs. 1 Nr. 1 Buchst. h HPVG); der Personalrat des aufnehmenden Dienstherrn hat ein Mitbestimmungsrecht nach § 77 Abs. 1 Nr. 1 Buchst. a, § 69 Abs. 1 HPVG.

b) **Unmittelbare Ernennung:**
Händigt die Stadt Kassel der Beamtin eine wirksame Ernennungsurkunde aus, so wird das Beamtenverhältnis zur Stadt Wiesbaden (mit sofortiger Wirkung) automatisch beendet, § 22 Abs. 2 Satz 1 BeamtStG. Hier spricht man landläufig von einer „feindlichen Übernahme". Eines gesonderten Verwaltungsaktes der Stadt Wiesbaden bedarf es in diesem Falle nicht.

Auch hier muss der Personalrat der Stadt Kassel im Vorfeld nach § 77 Abs. 1 Nr. 1 Buchst. a, § 69 Abs. 1 HPVG mitbestimmen.

c) Antrag auf **Versetzung:**
Nach § 26 Abs. 1 HBG kann die Beamtin auf ihren Antrag zur Stadt Kassel versetzt werden. Hierzu bedarf es des Einverständnisses des aufnehmenden Dienstherrn. Einer Ernennungsurkunde seitens der Stadt Kassel bedarf es dabei nicht; die Versetzung an sich stellt bereits einen VA dar. Das Beamtenverhältnis wird mit dem neuen Dienstherrn fortgesetzt (vgl. § 26 Abs. 4 HBG).

Zuständig für die Versetzung ist die oberste Dienstbehörde, also der Magistrat der Stadt Wiesbaden.

Beide Personalräte haben mitzubestimmen gemäß § 77 Abs. 1 Nr. 1 Buchst. a bzw. Buchst. d, § 69 Abs. 1 HPVG.

Lösung Aufgabe 2:

Eine Beförderung im gehobenen Dienst ist gemäß § 21 Abs. 1 Satz 1 Nr. 2 HBG frühestens **2 Jahre** nach der letzten Beförderung möglich; dies wäre der 01.10.2016. Der zwischenzeitliche Dienstherrenwechsel ist dabei unschädlich, weil das Beamtenverhältnis – wie oben beschrieben – mit dem neuen Dienstherrn fortgesetzt wird.

Zu beachten ist fallbezogen jedoch das weitere Beförderungsverbot des § 21 Abs. 1 Satz 2 HBG. Danach muss sich Frau Müller in der höherwertigen Funktion zunächst **drei Monate** bewähren. Die Beförderung könnte somit frühestens zum **01.01.2017** erfolgen.

Eine fehlende PR-Beteiligung führt zwar zur Rechtswidrigkeit der Ernennung, zieht jedoch keine negativen Folgen für die Wirksamkeit der Ernennungsurkunde nach sich, da die Tatbestandsvoraussetzungen der (insoweit abschließenden) §§ 11, 12 BeamtStG nicht erfüllt sind.

Im Ergebnis ist die Beförderung somit rechtswidrig, aber **wirksam**.

Lösung Aufgabe 3:

Der Anspruch auf Teilzeitarbeit ergibt sich aus § 43 BeamtStG, § 63 HBG. Nach § 63 Abs. 1 HBG darf Teilzeitarbeit bis zur Hälfte der gesetzlichen Arbeitszeit (somit 21 Wochenstunden, vgl. § 1 Abs. 1 HAZVO) bewilligt werden. Nach § 63 Abs. 3 HBG liegt die wöchentliche Untergrenze vorliegend bei **15 Wochenstunden**. Ein Anspruch auf Teilzeitarbeit im gewünschten Umfang von wöchentlich 10 Stunden besteht dagegen nicht.

Ist die Beamtin aus familiären Gründen nicht in der Lage, mindestens 15 Wochenstunden zu arbeiten, bleibt ihr die Möglichkeit einer Beurlaubung aus familiären Gründen nach § 64 HBG.

(Hinweis: Anhaltspunkte für eine Teilzeitbeschäftigung während der Elternzeit nach § 8 HMuSchEltZVO liegen fallbezogen nicht vor. Doch auch hier wäre eine Untergrenze von 15 Wochenstunden zu erbringen; bitte nachlesen.)

Lösung Aufgabe 4:

Das Mutterschutzgesetz (MuSchG) gilt ausweislich seines § 1 nur für Arbeitnehmerinnen, nicht dagegen für Beamtinnen. Jedoch werden die Vorschriften über die Beschäftigungsverbote des MuSchG entsprechend für hessische Beamtinnen angewendet, vgl. § 1 Abs. 1 Nr. 2 der **HMuSchEltZVO**.

Im Gegensatz zum Arbeitsrecht (kein Anspruch auf Arbeitsentgelt; stattdessen auf Mutterschaftsgeld gemäß § 13 MuSchG, § 200 RVO, sowie auf Zuschuss zum Mutterschaftsgeld nach § 14 MuSchG) ist bei Beamtinnen zu beachten, dass die Dienstbezüge während der Beschäftigungsverbote **weitergezahlt** werden (§ 2 Satz 1 HMuSchEltZVO).

Fall 10: Der Familienzuschlag

Bitte arbeiten Sie Nr. 7.4 dieses Buches durch und bearbeiten Sie danach mit Hilfe des Gesetzestextes (§ 43 HBesG) die nachstehenden Kurzfälle. Entscheiden Sie, ob ein Anspruch auf Familienzuschlag besteht und – falls ja – in welcher Höhe.

Aufgabe 1:

Sekretär Robert Blank ist **ledig.**

Aufgabe 2:

Obersekretärin Sabine Hummel ist **verheiratet** mit einem Profisportler.

Aufgabe 3:

Verwaltungsoberrat Timo Frühling ist seit 5 Jahren **verwitwet.**

Aufgabe 4:

Oberamtsrätin Lolita Brehme ist **geschieden.**

Aufgabe 5:

Amtsinspektorin Doris Streit ist geschieden. Sie ist aus der Ehe **zum Unterhalt** ihres Ex-Ehemannes (Künstler ohne Aufträge) in Höhe von monatlich 333,– € **verpflichtet.**

Aufgabe 6:

Oberinspektorin Jenny Jürgens ist ledig und **alleinerziehende Mutter** des kleinen Dieter. Für den bei ihr wohnenden Dieter erhält sie vom Kindesvater einen monatlichen Unterhalt in Höhe von 444 €.

Aufgabe 7:

Amtmann Hubert Lang ist **verheiratet mit** einer beim Land Hessen beschäftigten **Finanzbeamtin.**

Aufgabe 8:

Inspektorin Sarah Wunder ist **verheiratet mit** dem beim Werra-Meißner-Kreis beschäftigten **Schulhausmeister.**

Aufgabe 9:

Amtsrat Karl Schlag ist **verheiratet mit** einer verbeamteten **Lehrerin**. Für das gemeinsame Kind Karlchen erhält der Vater das **Kindergeld.**

Lösung Aufgabe 1:

Es besteht kein Anspruch auf Familienzuschlag nach § 43 HBesG, weil die Tatbestandsvoraussetzungen der Anspruchsgrundlage (z. B. verheiratet oder verwitwet) nicht erfüllt sind.

Lösung Aufgabe 2:

Es besteht Anspruch auf Familienzuschlag der **Stufe 1,** § 43 Abs. 1 Nr. 1 HBesG in Höhe von monatlich 123,92 €.

Lösung Aufgabe 3:

Es besteht ebenfalls Anspruch auf Familienzuschlag der Stufe 1, § 43 Abs. 1 **Nr. 2** HBesG.

Lösung Aufgabe 4:

Es besteht kein Anspruch auf Familienzuschlag der Stufe 1. Die Voraussetzungen des § 43 Abs. 1 Nr. 3 HBesG sind nicht erfüllt (**keine** Unterhaltsverpflichtung aus der Ehe).

Lösung Aufgabe 5:

Es besteht Anspruch auf Familienzuschlag der Stufe 1, § 43 Abs. 1 **Nr. 3** HBesG.

Lösung Aufgabe 6:

Hier ist anhand § 43 Abs. 1 **Nr. 4** HBesG zu prüfen, ob Anspruch auf Familienzuschlag der Stufe 1 besteht.

Rechnung:
444,00 € Unterhalt
184,00 € Kindergeld
105,99 € Kinderstufe
733,99 € < 743,52 € (123,92 € x 6)

Somit besteht Anspruch auf Stufe 1.

Gemäß § 43 Abs. 2 HBesG steht der Beamtin auch eine Kinderstufe zu.
Im Ergebnis erhält sie einen monatlichen Familienzuschlag in Höhe von (123,92 € + 105,99 € =) **229,91 €** (Stufe 2).

Lösung Aufgabe 7:

Da beiden Ehegatten der Familienzuschlag der Stufe 1 nach § 43 Abs. 1 Nr. 1 HBesG zustehen würde, greift § 43 Abs. 4 HBesG **(Ehegattenkonkurrenz)**. Beide Ehepartner erhalten je 61,96 €.

Lösung Aufgabe 8:

In diesem Fall liegt keine Ehegattenkonkurrenz im Sinne von § 43 Abs. 4 HBesG vor, weil der Schulhausmeister als TVöD-Beschäftigter keine entsprechende Leistung erhält. Frau Wunder erhält somit die **volle** Stufe 1 des Familienzuschlags.

Lösung Aufgabe 9:

Hier liegt eine Ehegattenkonkurrenz in Bezug auf die Stufe 1 vor, § 43 Abs. 4 HBesG.

Hinsichtlich der Kinderstufe ist maßgebend, welcher der beiden Beamten das **Kindergeld** erhält, § 43 Abs. 5 HBesG. In diesem Fall erhält gemäß Sachverhalt Herr Schlag das Kindergeld.

Im Ergebnis steht ihm ein monatlicher Familienzuschlag von 61,96 € (halbe Stufe 1) plus 105,99 € (Kinderstufe), somit **167,95 €** zu.

Fall 11: Bruttofälle 2015

Bitte ermitteln Sie die Brutto-Besoldung der folgenden Beamten:
(Hinweis: Es besteht jeweils Anspruch auf vermögenswirksame Leistungen)

Aufgaben	**Lösungen** Tabellenstand: ab 01.04.2014		
1.) Inspektor Rudi Kurz	A 9/1	= 2.316,71 €	
	AS	83,83 €	
erste Ernennung mit Anspruch	FZ	0,00 €	
auf Dienstbezüge 01.01.2015	5 %	116,28 €	
	VL	6,65 €	
ledig	Brutto	= **2.448,47 €**	
2.) Amtmann Karl Lang	A 11/5	= 3.406,32 €	
	AS	83,83 €	
erste Ernennung ...	FZ St. 1	123,92 €	
01.07.2004	5 %	180,70 €	
	VL	6,65 €	
verheiratet	Brutto	= **3.801,42 €**	
3.) Obersekretär Thilo Dick	A 7/8 =	2.559,87 €	
	AS	19,28 €	
erste Ernennung ... 01.01.1991	FZ	0,00 €	
	5 %	128,96 €	
geschieden	VL	6,65 €	
	Brutto	= **2.714,76 €**	
4.) Oberamtsrat Dieter Dünn	A 13/6	= 4.363,58 €	
	AS	83,83 €	
erste Ernennung ...	FZ St. 1	123,92 €	61,96 €
01.04.1998	Kind 1	105,99 €	
	Kind 2	105,99 €	
verheiratet, 3 Kinder	Kind 3	330,24 €	
	5 %	255,68 €	252,58 €
5.) Alternative:	Sonderb.	6,39 €	
verheiratet mit Beamtin	VL	6,65 €	
	Brutto	= **5.382,68 €**	**5.317,21 €**

<u>Tipp für Dozenten:</u>

Geben Sie den Teilnehmern die Fälle 1 bis 4 <u>ohne</u> Lösungen.

Besonders gute und schnelle Teilnehmer erhalten von Ihnen sodann die zusätzliche Aufgabe 5. Besprechen Sie alle Fälle am Ende, indem einzelne Teilnehmer ihre Ergebnisse an der Tafel präsentieren und erläutern.

Fall 12: Die Neueinstellung

Die hessische Stadt Bebra möchte zum 01.01.2016 eine extern ausgeschriebene Planstelle (Besoldungsgruppe A 8 HBesG) neu besetzen. Nach Durchführung eines entsprechenden Personalauswahlverfahrens entscheidet sich der Magistrat für die beste Bewerberin, Frau Doris Dutt aus Bremen. Frau Dutt hat ihren zweijährigen Vorbereitungsdienst (vergleichbar mittlerer Dienst) bei der Hansestadt Bremen erfolgreich absolviert und wurde dort anschließend für zwei Jahre in ein privatrechtliches Arbeitsverhältnis (Verwaltungsangestellte, EG 6 TVöD/TV-L) übernommen. Sie ist allein erziehende Mutter einer achtjährigen Tochter und erhält vom getrennt lebenden Kindesvater 200 € Unterhalt pro Monat.

Aufgabe 1:

Prüfen Sie, ob eine **Verbeamtung** von Frau Dutt infrage kommt und stellen Sie dar, wann – Normalleistungen vorausgesetzt – eine Ernennung zur Hauptsekretärin frühestens erfolgen kann.

Aufgabe 2:

Welches **Gehalt** steht Frau Dutt im Abrechnungsmonat Januar 2016 zu?

Lösung Aufgabe 1:

Zu prüfen ist, ob Frau Dutt verbeamtet werden kann. Sie ist Laufbahnbewerberin, da sie ihren Vorbereitungsdienst in Bremen erfolgreich absolviert hat. In der Regel wird diese in einem anderen Bundesland erlangte Laufbahnbefähigung in Hessen anerkannt, § 14 Abs. 2 HBG. Anhaltspunkte für eine Ausnahme von dieser Regel liegen fallbezogen nicht vor. Damit kann eine Ernennung zur **Sekretärin** unter Berufung in das Beamtenverhältnis auf **Probe** im Eingangsamt des mittleren Dienstes erfolgen, § 20 Abs. 1 Satz 1 HBG. Das Amt der Sekretärin ergibt sich aus § 13 Abs. 3 HBG, § 25 Abs. 1 Nr. 1 HBesG i. V. m. Besoldungsordnung A, Fußnote 2 zur Besoldungsgruppe A 6 HBesG (Eingangsamt des mittleren Dienstes in der Fachrichtung Allgemeine Verwaltung). Als Beamtin auf Probe muss Frau Dutt gemäß § 10 BeamtStG, § 20 Abs. 2 HBG und § 9 Abs. 2 HLVO zunächst eine dreijährige Probezeit ableisten, in der sie sich voll bewähren muss.

Zu prüfen ist, ob eine **Anrechnung hauptberuflicher Zeiten** (hier: innerhalb des öffentlichen Dienstes) auf die Probezeit erfolgen kann. Dies ist nach § 9 Abs. 4 HLVO möglich, denn die Tätigkeit als Verwaltungsangestellte in Bremen ist nach Art (Verwaltungsangestellte in der allgemeinen Verwaltung) und Schwierigkeit (EG 6 TVöD/TV-L) mindestens der Tätigkeit in einem Amt der Laufbahn des mittleren Dienstes vergleichbar.

Somit können die zwei im Arbeitsverhältnis bei der Stadt Bremen verbrachten Jahre voll auf die beamtenrechtliche Probezeit in Hessen angerechnet werden. Frau Dutt muss also in der Zeit vom 01.01. bis 31.12.2016 ihre einjährige **Mindestprobezeit** absolvieren. Während der Probezeit darf sie nicht befördert werden, § 20 Abs. 1 Satz 1 Nr. 1 HBG.

Mit Wirkung vom 01.01.2017 kann Frau Dutt in das **Beamtenverhältnis auf Lebenszeit** berufen werden. Gleichzeitig kann die Beförderung zur **Obersekretärin** erfolgen, vgl. § 21 Abs. 1 Satz 1 Nr. 1 HBG. Sodann ist das einjährige Beförderungsverbot des § 21 Abs. 1 Satz 1 Nr. 2 zu beachten, sodass eine Ernennung zur **Hauptsekretärin** frühestens mit Wirkung vom **01.01.2018** erfolgen kann.

Eine Ausnahme nach § 10 Abs. 1 HLVO liegt fallbezogen nicht vor, da der Sachverhalt Normalleistungen unterstellt.

Lösung Aufgabe 2:

Wie bereits in Aufgabe 1 beschrieben, erhält die Beamtin Gehalt nach Besoldungsgruppe A 6 HBesG. Aber welche Stufe?

Nach § 28 Abs. 2 Satz 1 HBesG steht der Beamtin grundsätzlich Stufe 1 zu, soweit nicht nach § 29 Abs. 1 HBesG Erfahrungszeiten anerkannt werden. § 29 Abs. 1 HBesG unterscheidet in zwingend anzuerkennende Zeiten (Satz 1) und fakultative Zeiten nach Satz 2.

Vorliegend kommt eine **zwingende Anerkennung** der im Arbeitsverhältnis zur Stadt Bremen verbrachten zweijährigen Zeit in Betracht. Voraussetzung hierfür ist nach § 29 Abs. 1 Satz 1 Nr. 1 HBesG, dass es sich um eine gleichwertige hauptberufliche Zeit im öffentlichen Dienst handelt, die nicht Voraussetzung für den Erwerb der Laufbahnbefähigung ist.

Bei der in Entgeltgruppe 6 TVöD/TV-L verbrachten Zeit bei der Stadt Bremen handelt es sich um eine hauptberufliche Tätigkeit im Sinne von § 2 Abs. 7 HLVO. Auch ist die Stadt Bremen ein öffentlich-rechtlicher Dienstherr im Sinne von § 30 HBesG. Die Gleichwertigkeit dieser Tätigkeit ist zu bejahen, wenn sie ihrer Bedeutung, d. h. Wertigkeit bzw. Schwierigkeit nach mindestens einer Tätigkeit der Laufbahngruppe des mittleren Dienstes (unabhängig von der konkreten Fachrichtung und Funktion) entspricht; dies ist bei EG 6 TVöD/TV-L zweifelsohne der Fall. Auch ist diese Zeit im Arbeitsverhältnis nicht Voraussetzung für den Erwerb der Laufbahnbefähigung, da Frau Dutt ja gerade eine **Laufbahnbewerberin** ist. Anders wäre dies nur im Falle einer „anderen Bewerberin" nach § 19 HBG, § 35 HLVO (siehe Fall 7).

Im Ergebnis sind die zwei Jahre im Arbeitsverhältnis somit sowohl hinsichtlich der laufbahnrechtlichen Probezeit als auch (parallel) bei der besoldungsrechtlichen Frage der Anerkennung von Erfahrungszeiten anzuerkennen.

Dadurch erhält die Beamtin im Abrechnungsmonat Januar 2016 folgendes Gehalt:

Grundgehalt A 6 Stufe 2	=	2.015,06 €	(nächste Stufe ab 01.01.2019)
Allgemeine Stellenzulage	=	19,28 €	(Nr. 13 Abs. 1 Nr. 1 a)
Familienzuschlag	=	229,91 €	(Stufe 1 gemäß § 43 Abs. 1 Nr. 4 HBesG; Nebenrechnung: siehe unten, Kinderstufe gemäß § 43 Abs. 2 HBesG)
Grundbetrag	=	113,21 €	(Zwischenwert 2.264,25 € x 5 %)
Sonderbetrag für Kinder	=	2,13 €	
Gesamt:	**=**	**2.379,59 €**	

Im Abrechnungsmonat Januar 2016 erhält Frau Dutt 2.379,59 € (zuzüglich VL).

Nebenrechnung: 6 x 123,92 € = **743,52 € >** (200 € 184 € + 105,99 € = **489,99 €**)

Fall 13: Teilzeit ohne Ende?

Frau Sabine Schran (45 Jahre) ist Oberinspektorin beim Land Hessen. Sie ist Mutter von drei Kindern im Alter von 15 bis 22 Jahren. In der Vergangenheit wurden ihr folgende Beurlaubungen bzw. befristete Teilzeitbeschäftigungen bewilligt:

- 8 Jahre Beurlaubung aus familiären Gründen,
- 8 Jahre Teilzeitbeschäftigung 40 %,
- 4 Jahre Teilzeitbeschäftigung 50 %,
- 2 Jahre Elternzeit und währenddessen Teilzeitbeschäftigung 40 %.

Frau Schran beantragt, erneut für die Dauer von zwei Jahren in Teilzeit zu arbeiten.

Aufgabe 1:

Prüfen Sie, ob und unter welchen Voraussetzungen eine **erneute Teilzeitbeschäftigung** (50 % bzw. 40 %) infrage kommt.

Aufgabe 2:

Angenommen, die familiären Verhältnisse hindern Frau Schran in den nächsten beiden Jahren an einer Arbeitsleistung: wäre eine weitere **Beurlaubung** aus familiären Gründen möglich und welche **Alternative** bleibt ihr?

Lösung Aufgabe 1:

Teilzeitbeschäftigung stellt im Beamtenrecht grundsätzlich die Ausnahme dar (Prinzip der Hauptberuflichkeit). Dies kommt auch durch § 34 Satz 1 BeamtStG zum Ausdruck, welcher einen „vollen" persönlichen Einsatz fordert. Gleichwohl bestimmt § 43 BeamtStG, dass Teilzeitbeschäftigung zu ermöglichen ist.

Das HBG setzt diesen Auftrag für hessische Beamte in seinen §§ 62 bis 67 um.

Fallbezogen kann eine weitere Teilzeitbeschäftigung mit **mindestens der Hälfte** der regelmäßigen Arbeitszeit bewilligt werden, soweit dienstliche Belange nicht entgegenstehen. Eine Höchstdauer für eine solche Teilzeitbeschäftigung besteht nicht.

Frau Schran hat sogar einen **Anspruch** auf eine Teilzeitbeschäftigung mit mindestens der Hälfte der gesetzlichen Arbeitszeit, da sie mindestens ein Kind unter 18 Jahren tatsächlich betreut, § 63 Abs. 1 Satz 1 Nr. 1 HBG. Voraussetzung hierfür ist, dass zwingende dienstliche Belange nicht entgegenstehen.

Auch eine Teilzeitbeschäftigung von **weniger als der Hälfte** der regelmäßigen Arbeitszeit (mindestens **15 Stunden** pro Woche) ist unter den Voraussetzungen des § 63 Abs. 3 HBG möglich. Die hierfür maßgebliche **Höchstgrenze von 17 Jahren** ist vorliegend noch nicht erreicht. Allerdings muss die Regelung des § 66 HBG beachtet werden, wonach unterhälftige Teilzeitbeschäftigung und Beurlaubung ohne Dienstbezüge insgesamt die Dauer von 17 Jahren nicht überschreiten dürfen. Dabei bleiben Zeiten einer unterhälftigen Teilzeitbeschäftigung während einer Elternzeit (§ 8 HMuSchEltZVO; hier: 2 Jahre) unberücksichtigt.

Fallbezogen sind 8 Jahre Beurlaubung aus familiären Gründen und 8 Jahre Teilzeitbeschäftigung mit 40 % der regelmäßigen Arbeitszeit, somit insgesamt 16 Jahre anzurechnen. Frau Schran könnte im Ergebnis für höchstens **ein weiteres Jahr** unterhälftige Teilzeitbeschäftigung im Umfang von 40 % (mindestens 15 Stunden pro Woche) gewährt werden.

Lösung Aufgabe 2:

Alternativ zur obigen Teilzeitbeschäftigung ist eine weitere Beurlaubung aus familiären Gründen nach § 64 HBG für die Dauer eines Jahres möglich. Eine zweijährige Beurlaubung dagegen **scheitert** an der in § 66 HBG verankerten Höchstgrenze von 17 Jahren, siehe Lösung Aufgabe 1.

Als Alternative zu einer Beurlaubung bleibt der Beamtin letztlich nur die schriftliche Bitte um **Entlassung** aus dem Beamtenverhältnis nach § 23 Abs. 1 Satz 1 Nr. 4 BeamtStG, § 29 Abs. 1 HBG.

Fall 14: Rechte der Beamten

Die nachstehenden Kurzaufgaben dienen dem näheren Kennenlernen der beamtenrechtlichen Vorschriften. Dabei werden auch Bereiche angesprochen, die in diesem Buch nicht gesondert behandelt werden (z. B. Versorgungsrecht).

Bitte lösen Sie die Aufgaben in Einzel- oder **Gruppenarbeit.** Bei Gruppenarbeit empfiehlt es sich, fünf Gruppen zu bilden, von denen jede Gruppe einen Themenkreis (z. B. A. Besoldung) bearbeitet und sodann die Ergebnisse präsentiert.

A. Besoldung (HBesG)

1. Ermitteln Sie das **Grundgehalt** eines vollzeitbeschäftigten Oberamtsrates. Gehen Sie (fiktiv) davon aus, dass er am 01.04.1998 als Inspektor (BaP) eingestellt wurde.

2. Ermitteln Sie die Höhe seiner **allgemeinen Stellenzulage**.
Sie werden fündig in den Anlagen I und VII zum HBesG.

3. Ermitteln Sie die Höhe des ihm zustehenden **Familienzuschlages.** Er ist verheiratet mit einer nicht im öffentlichen Dienst stehenden Ehefrau und Vater zweier minderjähriger, im elterlichen Haushalt lebender Kinder.

4. Ermitteln Sie die Höhe des monatlichen **Grundbetrages** und des **Sonderbetrages für Kinder** (Rechtsgrundlage hierfür ist das HSZG).

5. Ermitteln Sie die Höhe seiner vermögenswirksamen Leistungen (Anspruch besteht) und seiner monatlichen **Bruttobesoldung.**

B. Mutterschutz, Elternzeit, Urlaub ohne Dienstbezüge

6. Stellen Sie die wesentlichen **Inhalte** der HMuSchEltZVO kurz vor.

7. Stellen Sie einen markanten **Unterschied** im Vergleich zum Mutterschutzgesetz vor.

8. Unter welchen Voraussetzungen und wie lange kann „Beurlaubung aus familiären Gründen" **längstens** genommen werden?

9. Welche Auswirkungen haben Mutterschutz, Elternzeit und Beurlaubung aus familiären Gründen auf die beamtenrechtliche **Probezeit?**

10. … und auf die besoldungsrechtliche **Stufenlaufzeit?**

C. Erholungsurlaub

11. Welche **gesetzlichen** Urlaubsvorschriften gelten für Beamte? Auch das BUrlG?

12. Ermitteln Sie den Urlaubsanspruch eines 62-jährigen Verwaltungsbeamten, der mit Ablauf des **31. Juli** auf seinen Antrag in den Ruhestand versetzt wird.

13. Wie viel Erholungsurlaub erhält eine 28-jährige Verwaltungsbeamtin, die sich vom 5. März bis 4. November eines Jahres in **Beurlaubung aus familiären Gründen** befindet?

14. Haben schwerbehinderte Beamte auch Anspruch auf **Zusatzurlaub?**

15. Bis wann ist beamtenrechtlicher Erholungsurlaub **übertragbar?**

D. Teilzeit

16. Welche **Paragrafen** des BeamtStG und des HBG regeln die Teilzeitbeschäftigung von Beamten?

17. Im Arbeitsrecht ist es möglich, eine Arbeitszeit von nur einer Wochenstunde vertraglich zu vereinbaren. Ist dies im Beamtenrecht genauso oder existiert hier eine gesetzliche **Untergrenze?**

18. Darf eine Beamtin auch während der **Elternzeit** Teilzeitarbeit ausüben?

19. Welche Auswirkung hat eine Teilzeitbeschäftigung auf die **Bruttobesoldung?**

20. Welcher **Familienzuschlag** steht einem Beamtenehepaar zu, welches sich eine volle Planstelle teilt (50 %/50 %)? (Empfehlung: sprechen Sie Gruppe A an. In deren Frage 3 steht ebenfalls der „Familienzuschlag“ im Mittelpunkt.)

E. Versorgung

21. Wie lange dauert die versorgungsrechtliche **Wartezeit** des § 32 BeamtStG in Hessen?

22. Welche **Versorgungsbezüge** erhält ein Beamter (Bruttobesoldung 4.000 €), wenn er nach 35 Dienstjahren in den Ruhestand geht (vereinfachte Darstellung, ohne Versorgungsabschlag des § 14 Abs. 3 HBeamtVG)?

23. Mit welchem **Versorgungsabschlag** muss ich rechnen, wenn ich (Jahrgang 1971) mit 62 Jahren auf Antrag in den Ruhestand treten möchte?

24. Was verstehen Sie unter der **„Mindestversorgung“?**

Lösungen:

1.	A 13 Stufe 6	4.363,58 €	(Stufenlaufzeiten § 28 Abs. 3 Satz 1)
2.	Nr. 13 Abs. 1 Nr. 2	83,83 €	(gehobener Dienst)
3.	Stufe 1 gemäß § 43 Abs. 1 Nr. 1	123,92 €	
	Kind 1 § 43 Abs. 2	105,99 €	
	Kind 2 § 43 Abs. 2	105,99 €	
	Summe:	335,90 €	

4. Grundbetrag § 5 Abs. 2 HSZG:
   (4.363,58 + 83,83 + 335,90 =) 4.783,31 € x 5 % = 239,17 €

   Sonderbetrag für Kinder: 2 x 2,13 € = 4,26 €.

5. Im Ergebnis stehen dem Beamten monatlich **5.033,39 €** Gehalt zu (VL 6,65 €).

6. Die HMuSchEltZVO verweist in weiten Teilen auf die arbeitsrechtlichen Schutzgesetze MuSchG und BEEG und regelt einige beamtenrechtliche Besonderheiten.

7. Der wesentliche Unterschied besteht darin, dass die schwangere Beamtin ihre Bezüge während der mutterschutzrechtlichen Beschäftigungsverbote fortgezahlt bekommt, während die Arbeitnehmerin Mutterschaftsgeld von der gesetzlichen Krankenkasse und Zuschuss zum Mutterschaftsgeld von ihrem Arbeitgeber erhält.

8. Nach § 64 Abs. 1 HBG beträgt die Höchstdauer der Beurlaubung aus familiären Gründen 14 Jahre. Daneben ist § 66 HBG zu beachten, welcher eine Höchstdauer von **17 Jahren** für unterhälftige Teilzeitarbeit und Beurlaubungen vorsieht.

9. **Mutterschutzzeiten** haben keine negativen Auswirkungen auf die beamtenrechtliche Probezeit.

   Eine **Beurlaubung** aus familiären Gründen verlängert die Probezeit entsprechend, § 9 Abs. 3 HLVO.

   Eine **Elternzeit** führt nach Auffassung des Verfassers zu einer Verlängerung der Probezeit.

10. Mutterschutzzeiten haben keine Auswirkungen auf die Stufenlaufzeit. Nach § 29 Abs. 2 Nr. 1 HBesG führen bis zu drei Jahre Beurlaubung bzw. Elternzeit pro Kind zu **keinerlei Nachteilen** hinsichtlich der Stufenlaufzeit.
    Dies ist übrigens im Arbeitsrecht völlig anders, vgl. z. B. § 17 Abs. 3 Satz 2 TVöD.

11. Das Bundesurlaubsgesetz gilt nur für Arbeitnehmer, somit nicht für Beamte. Hier gelten § 44 BeamtStG, §§ 69, 70 HBG sowie die Regelungen der HUrlVO.

12. 33 Tage x 7/12 = 19,25 Tage, somit **20 Tage Erholungsurlaub** (§ 5 Abs. 1, § 8 Abs. 1, 2 und 5 HUrlVO).

13. 30 Tage x 5/12 = 12,5 Tage, somit **13 Tage** Erholungsurlaub.

14. Ja, schwerbehinderte Beamte haben Anspruch auf eine Woche **Zusatzurlaub** nach § 125 SGB IX, vgl. § 128 Abs. 4 SGB IX.

15. § 9 Abs. 3 HUrlVO beinhaltet eine Übertragbarkeit von 9 Monaten. Erholungsurlaub aus 2015 ist somit übertragbar bis **30.09.2016.**

16. Zu erkennen sind: § 43 BeamtStG, §§ 62,63 und 66 HBG.

17. Im Beamtenrecht regelt § 63 Abs. 3 eine Untergrenze von 15 Wochenstunden. Alternativ kann der Beamte eine Beurlaubung nach § 64 HBG beantragen oder – bei Ablauf der Fristen – um Entlassung bitten, § 23 Abs. 1 Nr. 4 BeamtStG, § 29 Abs. 1 HBG (vgl. Nr. 10.2.2).

18. Eine Teilzeitbeschäftigung im Umfang von **15 bis 30 Wochenstunden** während der Elternzeit ist möglich, § 8 Abs. 1 HMuSchEltZVO.

19. Die finanziellen Auswirkungen einer Teilzeitarbeit regelt § 6 HBesG. Zu den Ausnahmen im Familienzuschlag siehe Nr. 7.4.1.1 (Stufe 1) bzw. Nr. 7.4.2.1 (Kinderstufe).

20. Der Familienzuschlag steht wie folgt zu: beide Ehepartner erhalten die Stufe 1 zur Hälfte, § 43 Abs. 4 HBesG. Dies sind derzeit jeweils 61,96 €.

21. § 4 HBeamtVG sieht eine **fünfjährige Wartezeit** vor.

22. § 14 Abs. 1 HBeamtVG sieht folgende Berechnung vor:
    4.000 € x 1,79375 x 35 Jahre = 2.511,25 € Ruhegehalt.

23. § 14 Abs. 3 Satz 1 Nr. 2 HBeamtVG: 3,6 % x 5 Jahre
    = 18 % Versorgungsabschlag.

24. § 14 Abs. 4 HBeamtVG: mindestens 35 %,
    alternativ 62 % aus der Endstufe der A 6.
    In 2015 wären dies 2.366,98 € x 62 % = 1.467,53 € Mindestversorgung.

Fall 15: Der disziplinlose Beamte

Der Obersekretär Albert Wegehenkel arbeitet als Sachbearbeiter für Wohngeldangelegenheiten beim Kreisausschuss des Landkreises Darmstadt-Dieburg. Er wurde kürzlich während seiner Freizeit als Fahrer seines Pkw alkoholisiert (1,00 Promille) im Straßenverkehr angetroffen. Von der zuständigen Straßenverkehrsbehörde wurde deshalb gegen ihn ein Bußgeld wegen Trunkenheit im Straßenverkehr verhängt.

Aufgabe:

Erläutern Sie, ob und in welcher Weise gegen den Beamten **disziplinarrechtlich** vorgegangen werden könnte. Begründen Sie Ihre Entscheidung.

Lösung:

Zu prüfen ist, ob gegen Herrn Wegehenkel disziplinarrechtlich vorgegangen werden kann. Hierfür ist zunächst Voraussetzung, dass ein **Dienstvergehen** nach § 47 Abs. 1 BeamtStG vorliegt. Dies wäre der Fall, wenn der Beamte schuldhaft gegen die ihm obliegenden Pflichten verstoßen hätte.

Herr Wegehenkel hat in seiner Freizeit alkoholisiert am Straßenverkehr teilgenommen. Sein Verhalten ist damit nicht der Achtung und dem Vertrauen gerecht geworden, die sein Beruf erfordert, § 34 Satz 3 BeamtStG. Da dies schuldhaft geschah (hier ist zumindest auf bedingten Vorsatz zu erkennen), liegt ein (außerdienstliches) Dienstvergehen vor.

Nach § 20 HDG hat somit die Einleitung eines Disziplinarverfahrens zu erfolgen (Legalitätsprinzip). Dabei hat die Bemessung der konkreten Disziplinarmaßnahme nach pflichtgemäßem Ermessen zu erfolgen **(Opportunitätsprinzip).** Unter Berücksichtigung des konkreten Sachverhalts (u. a. kein Bezug zu seinen dienstlichen Aufgaben; schließlich bearbeitet Herr Wegehenkel Wohngeldangelegenheiten und hat daher keinerlei dienstlichen Bezug zum Straßenverkehrsrecht), erscheint fallbezogen allenfalls ein **Verweis** denkbar. Diese Disziplinarmaßnahme wird seitens der Behörde im Rahmen einer Disziplinarverfügung ausgesprochen, § 37 HDG.

Unter Berücksichtigung des Verbots der **Doppelbestrafung** (vgl. § 17 HDG) kommt im Ergebnis jedoch nur eine **missbilligende Äußerung** nach § 9 Satz 2 HDG infrage. Diese stellt keine Disziplinarmaßnahme dar.

Nach § 19 Abs. 5 HDG i. V. m. § 91 Abs. 1 Satz 1 Nr. 2 HBG sind die Unterlagen hierüber nach zwei Jahren aus der Personalakte zu entfernen und zu vernichten.

Fall 16: Die feindliche Übernahme

Sekretär Felix Kroll steht im Beamtenverhältnis auf Lebenszeit zur Stadt Offenbach. Da er gern in einer Laufbahn des gehobenen Dienstes tätig werden möchte, bewirbt er sich als Inspektoranwärter beim Regierungspräsidium Darmstadt. Als er von dort eine Zusage erhält, überlegt er, auf welche Weise er sein bestehendes Beamtenverhältnis beenden kann.

Aufgabe 1:

Prüfen Sie, auf welche Weise das bestehende Beamtenverhältnis fallbezogen **enden** kann.

Aufgabe 2:

Wie wäre die Rechtslage, wenn Herr Kroll seitens des Regierungspräsidiums Darmstadt eine Ernennungsurkunde erhalten würde, mittels derer er in ein Beamtenverhältnis auf **Lebenszeit** berufen wird?

Lösung Aufgabe 1:

Zu prüfen ist, ob das Beamtenverhältnis des Herrn Kroll automatisch, d.h. ohne weiteren Verwaltungsakt seines Dienstherrn, endet. Als Rechtsgrundlage kommt § 22 Abs. 2 Satz 1 BeamtStG in Betracht, wonach ein Beamter (automatisch) entlassen ist, wenn ein öffentlich-rechtliches Dienst- oder Amtsverhältnis bei einem anderen Dienstherrn begründet wird. Mit Herrn Kroll wird vorliegend ein öffentlich-rechtliches Dienstverhältnis beim Land Hessen begründet, sodass die Tatbestandsmerkmale des Satzes 1 erfüllt sind. Nach § 22 Abs. 2 Satz 2 BeamtStG gilt dies allerdings nicht für den Eintritt in ein Beamtenverhältnis auf Widerruf (BaW). Da es sich bei der neuen Stelle um ein solches BaW handelt, greift die Rechtsfolge des § 22 Abs. 2 Satz 1 BeamtStG nicht. Es hat somit **keine „feindliche Übernahme"** stattgefunden, das Beamtenverhältnis des Herrn Kroll zur Stadt Offenbach besteht weiterhin fort.

Herr Kroll müsste, um sein bestehendes Beamtenverhältnis aufzulösen, somit **schriftlich um Entlassung bitten,** § 23 Abs. 1 Satz 1 Nr. 4 BeamtStG. Der Dienstherr könnte die Entlassung maximal um drei Monate hinausschieben, § 29 Abs. 2 HBG.

(Hinweis: Diese Beendigungsart käme übrigens auch infrage, wenn der Beamte in ein privatrechtliches Arbeitsverhältnis wechseln möchte.)

Lösung Aufgabe 2:

Bei Entgegennahme einer wirksamen Ernennungsurkunde, mittels derer Herr Kroll in ein Beamtenverhältnis auf Lebenszeit bei einem anderen Dienstherrn berufen wird, greift die oben beschriebene Rechtsfolge einer automatischen Entlassung. Gemeinhin spricht man in solch einem Fall von einer „feindlichen Übernahme“. Die Tatbestandsvoraussetzungen des § 22 Abs. 2 Satz 1 BeamtStG sind erfüllt, die Ausnahme des Satzes 2 greift nicht.

Ab dem Zeitpunkt der (inneren) Wirksamkeit der neuen Ernennungsurkunde ist das Beamtenverhältnis zu dem bisherigen Dienstherrn automatisch (fristlos) beendet.

Ein vom Gesetzgeber ermöglichtes „Einvernehmen“ zwischen den beteiligten Dienstherrn kommt in der Praxis übrigens nur selten vor.

Fall 17: Die Entlassung auf eigenen Antrag

Der Sekretär Uwe Jahn (Beamter auf Lebenszeit bei der Stadt Darmstadt) fragt an, ob er um **Entlassung** aus dem Beamtenverhältnis bitten könne, da er zu seiner neuen Freundin Antje an die Nordsee ziehen möchte.

Aufgabe 1:

Wie ist die Rechtslage?

Aufgabe 2:

Am nächsten Tag legt er Ihnen eine wirksame Ernennungsurkunde vor, durch die er zum Beamten der Gemeinde St. Peter-Ording ernannt wurde.

Welche Rechtsfolge ergibt sich daraus für das bestehende Beamtenverhältnis bei der Stadt Darmstadt?

Lösung Aufgabe 1:

Nach § 23 Abs. 1 Nr. 4 BeamtStG ist ein Beamter zu entlassen, wenn er die Entlassung in **schriftlicher Form** verlangt. Eine solche Erklärung, die gemäß § 29 Abs. 1 Satz 2 HBG gegenüber dem Dienstvorgesetzten vorgenommen werden muss, kann nach Satz 3 zurückgenommen werden, was fallbezogen jedoch nicht zu prüfen ist. Dienstvorgesetzter ist vorliegend der Oberbürgermeister der Stadt Darmstadt, § 3 Abs. 2 HBG i. V. m. § 73 Abs. 2, § 45 Abs. 1 HGO.

Der Entlassungszeitpunkt kann nach § 29 Abs. 2 HBG um maximal drei Monate **hinausgeschoben** werden. Die Fürsorgepflicht des § 45 BeamtStG gebietet es, den Beamten über die langfristigen Auswirkungen eines solchen Antrages hinzuweisen.

Der Personalrat ist bei einer solchen Entlassung nicht zu beteiligen, vgl. § 77 Abs. 1 Nr. 1 Buchst. h HPVG (eigener Antrag).

Lösung Aufgabe 2:

Der Beamte ist bei dieser Fallvariante (automatisch) aus dem Beamtenverhältnis zu seinem bisherigen hessischen Dienstherrn entlassen, § 22 Abs. 4 BeamtStG. Dies wird durch die oberste Dienstbehörde festgestellt, § 28 Abs. 1 HBG. Fallbezogen ist der Magistrat der Stadt Darmstadt zuständig, siehe § 9 Abs. 3 HBG, § 73 Abs. 1 HGO.

Fall 18: Der leistungsschwache Beamte

Harry Hirsch ist Beamter auf Probe bei der hessischen Gemeinde Besengrund. Er hat sich in der Probezeit fachlich in keinster Weise bewährt. Seine dienstlichen Entscheidungen sind überwiegend falsch, auch fehlt ihm jede Motivation, seine enormen Wissenslücken zu schließen. Wie würden Sie beamtenrechtlich verfahren?

Lösung:

Nach § 10 BeamtStG, § 20 Abs. 2 HBG, § 9 Abs. 2 HLVO hat sich ein Beamter auf Probe in der dreijährigen Probezeit in vollem Umfang zu bewähren. Ziel der Probezeit ist, festzustellen, ob der Beamte charakterlich, gesundheitlich und fachlich für eine Verbeamtung auf Lebenszeit geeignet erscheint.

Weil sich Herr Hirsch nachweislich nicht bewährt hat, kommt vorliegend eine **Entlassung** nach § 23 Abs. 3 Nr. 2 BeamtStG infrage. Dabei handelt es sich um eine Ermessensentscheidung des Dienstherrn. Laut Sachverhalt (viele fachliche Fehler, keinerlei Motivation) scheint eine solche Entlassung vorliegend die einzig rechtmäßige Entscheidung zu sein (Ermessensreduzierung auf null).

Dabei beträgt die Entlassungsfrist – je nach Beschäftigungszeit – regelmäßig sechs Wochen zum Schluss eines Kalendervierteljahres, § 29 Abs. 3 HBG. Als Beschäftigungszeit gilt dabei die Zeit ununterbrochener Tätigkeit im Beamtenverhältnis auf Probe im Bereich desselben Dienstherrn.

Bei dieser Entlassung ist die Mitbestimmung des **Personalrates** nach § 77 Abs. 1 Nr. 1 Buchst. n, § 69 Abs. 1 HPVG zu beachten. Die **Frauenbeauftragte** ist nach § 16 Abs. 1 Satz 2 Nr. 2 HGlG zu beteiligen.

Fall 19: In den Ruhestand – aber wann?

Walter Eschweiler, geb. am 02.09.1955, ist Beamter auf Lebenszeit bei der Stadt Eschwege und voll dienstfähig. Er fragt an, zu welchem Zeitpunkt und unter welchen Voraussetzungen er in Ruhestand treten kann. Möglicherweise kommt eine Anerkennung als schwerbehinderter Mensch in Betracht (das entsprechende Verwaltungsverfahren beim Versorgungsamt läuft derzeit).

Aufgabe:

Welche Möglichkeiten kommen hier in Betracht?

Lösung:

Nach § 25 BeamtStG treten Beamte auf Lebenszeit nach Erreichen der **Altersgrenze** in den Ruhestand. Diese ist in Hessen in § 33 Abs. 1 HBG geregelt. Für Herrn Eschweiler gilt abweichend § 33 Abs. 3 Satz 2, wonach er seine Altersgrenze mit 65 Jahren und 9 Monaten, also mit Ablauf des 30.06.2021 (sog. „Übergangsjahrgang") erreicht.

Bei Vorliegen eines „dienstlichen Interesses" kann der Zeitpunkt des Eintritts in den Ruhestand um jeweils ein Jahr bis maximal zur Vollendung des 70. Lebensjahres hinausgeschoben werden, § 34 Abs. 1 HBG. Voraussetzung ist, dass der Beamte dies spätestens sechs Monate vor Erreichen der Altersgrenze beantragt bzw. der Maßnahme zustimmt.

Alternativ kann er von der **Antragsaltersgrenze** des § 35 Satz 1 Nr. 2 HBG Gebrauch machen. Das 62. Lebensjahr vollendet er mit Ablauf des 01.09.2017, sodass er mit Ablauf des 30.09.2017 in den Ruhestand treten könnte.

Zum Versorgungsabschlag siehe § 14 Abs. 3 Satz 1 Nr. 2 HBeamtVG (0,3 % Abschlag für jeden Monat vor Alter 65/9, fallbezogen wäre dies ein dauerhafter Abschlag von 13,5 %).

Im Falle der Anerkennung einer **Schwerbehinderung** gilt § 35 Abs. 1 Nr. 1 HBG. Danach ist eine Versetzung in den Ruhestand mit Vollendung des 60. Lebensjahres möglich, somit mit Ablauf des 30.09.2015.

Zum Versorgungsabschlag siehe § 14 Abs. 3 Nr. 1, § 80 Abs. 1 Nr. 2 HBeamtVG: 0,3 % Abschlag für jeden Monat vor Alter 63/9, fallbezogen wäre dies ein dauerhafter Abschlag von 13,5 %.

Ob der Personalrat bei vorzeitiger Versetzung in den Ruhestand zu beteiligen ist, kommt darauf an, ob dies seitens des Beamten beantragt wird (optionale Mitwirkung nach § 78 Abs. 1 Nr. 2 HPVG). Dementsprechend hat – je nach Entscheidung des betroffenen Beamten – die Beteiligung der Frauenbeauftragten nach § 16 Abs. 1 Satz 2 Nr. 2 HGlG und der Schwerbehindertenvertretung nach § 95 Abs. 2 SGB IX zu erfolgen.

Fall 20: Dienstunfähig – was nun?

Kalli Krank ist Beamter beim Land Hessen. Er ist laut ärztlichem Gutachten dauernd **dienstunfähig.**

Aufgabe 1:

Wie handeln Sie als zuständiger Personalsachbearbeiter, wenn es sich um einen Beamten auf **Lebenszeit** handelt?

Aufgabe 2:

Wie ist die Rechtslage bei einem Beamten auf **Probe?**

Aufgabe 3:

Wie ist die Rechtslage bei einem Beamten auf **Widerruf?**

Lösung Aufgabe 1:

Der Beamte **auf Lebenszeit** ist – bei Erfüllung der 5-jährigen Dienstzeit des § 32 BeamtStG, § 4 HBeamtVG – in den Ruhestand zu versetzen, § 26 Abs. 1 BeamtStG.

Erfüllt er diese Dienstzeit nicht, so ist er nach § 23 Abs. 1 Nr. 2 BeamtStG zu entlassen.

Das Verfahren der Ruhestandsversetzung ist in § 36 HBG beschrieben. Zur Frist siehe § 42 Abs. 4 HBG.

Im Anschluss erhält der Ruhestandsbeamte übrigens Versorgungsbezüge, und zwar 1,79375 % pro Dienstjahr, max. jedoch in Höhe von 71,75 % (§ 14 Abs. 1 HBeamtVG).

Lösung Aufgabe 2:

Als Beamter **auf Probe** wäre Herr Krank zwingend in den Ruhestand zu versetzen, wenn es sich um einen unverschuldeten Dienstunfall nach § 36 HBeamtVG handeln würde (§ 28 Abs.1 BeamtStG). Dies gilt auch bei Nichterfüllung der 5-jährigen Dienstzeit des § 4 Abs. 1 Nr. 1 HBeamtVG.

Anderenfalls „kann" er nach § 28 Abs. 2 BeamtStG in den Ruhestand versetzt werden (Ermessensentscheidung; Voraussetzung: u. a. Erfüllung der 5-jährigen Dienstzeit).

Als Alternative droht die Entlassung nach § 23 Abs. 1 Nr. 3 BeamtStG. Hier gelten die Fristen des § 30 Abs. 1 Satz 2 HBG.

Lösung Aufgabe 3:

Ein Beamter **auf Widerruf** kann unter keinen Umständen in den Ruhestand versetzt werden. Vielmehr käme bei dauernder Dienstunfähigkeit nur eine Entlassung aus dem Beamtenverhältnis in Betracht.

Rechtsgrundlage für eine solche Entlassung ist § 23 Abs. 4 BeamtStG, wonach Beamte auf Widerruf „jederzeit" entlassen werden können. Zwar fordert die Rechtsprechung einen sachlichen Grund, sodass eine willkürliche Entlassung ausscheidet. Die hier vorliegende dauerhafte Dienstunfähigkeit stellt aber zweifellos einen solchen sachlichen Grund dar, sodass eine Entlassung aus dem Beamtenverhältnis gerechtfertigt ist.

Zum Beteiligen des Personalrates vgl. § 78 Abs. 1 Nr. 2 HPVG. Danach wirkt der Personalrat bei vorzeitiger Versetzung in den Ruhestand mit, sofern der „Beschäftigte" (siehe § 3 Abs. 1 HPVG) dies beantragt.

Stichwortverzeichnis